校园生活丛书



# 写给青春期女孩的信

元博姐姐　著

吉林人民出版社

**图书在版编目(CIP)数据**

写给青春期女孩的信 / 元博姐姐著. -- 长春 : 吉林人民出版社, 2012.4

（校园生活丛书）

ISBN 978-7-206-08785-1

Ⅰ. ①写… Ⅱ. ①元… Ⅲ. ①女性 – 青春期 – 健康教育 Ⅳ. ①G479

中国版本图书馆CIP数据核字(2012)第071348号

# 写给青春期女孩的信

XIE GEI QINGCHUNQI NÜHAI DE XIN

著　　者：元博姐姐

责任编辑：崔　晓　　　　封面设计：七　洱

吉林人民出版社出版 发行（长春市人民大街7548号　邮政编码：130022）

印　　刷：鸿鹄（唐山）印务有限公司

开　　本：670mm×950mm　1/16

印　　张：13　　　　字　　数：150千字

标准书号：ISBN 978-7-206-08785-1

版　　次：2012年4月第1版　印　　次：2023年6月第3次印刷

定　　价：45.00元

# 目录 CONTENT 1

## 学习课

### ——我是个聪慧的女生

# 目录 CONTENT

2

## 生活课

### ——我是个快乐的女生

目录 CONTENT 3

目录

CONTENT

4

## 审美课

### ——我是个漂亮的女生



## 生理课

### ——我是个骄傲的女生

## 附：那些留在我们心底的梦境

# 学习课

## 我是个聪慧的女生

有句话怎么说来着，生活就是一面镜子，你对着它哭，它就哭，你对着它笑它就笑。认为自己倒霉的人，往往是因为给了自己消极的心理暗示，认为自己就是个倒霉蛋，才会觉得生活处处和自己过不去，也因此会一直处在情绪的低谷。如果遇到不顺心的事情，我们能转化角度，把每一天的生活都当成寻找快乐的旅程，把注意力放在给自己找点儿乐子上，渐渐地你会发现，那些让你郁闷的烦恼早被你抛到九霄云外啦！

…… ……

## 对自己不满是成长的一种表现

小燕子写来的信：

姐姐，我是一名初中的学生。我不知道从什么时候开始越来越不喜欢自己。在和同学交往的时候，人家的一个眼神都会让我心里七上八下很长时间。学习上也变得不自信，上课回答问题，总是担心自己答不上来会被其他同学笑话，怕自己说不好老师和同学都认为我笨。

我怎么能让自己乐观、开朗和自信起来呢？怎么能让自己静下心来好好读书，好好学习呢？

写给春天里的小燕子：

哎，看看我们可怜的小燕子。本来是一个无忧无虑、整天欢声笑语的小燕子，可是怎么现在凭空生出这么多烦恼呢？上小学的时候，上课争抢着举手发言，从来没想过自己会回答不好，而且那个时候，偶尔胡言乱语几句，老师不会怪罪不说，还会引得同学们哄堂大笑。这一切回想起来仍然让我们觉得开心。

可是，现在呢，上了初中的自己，不仅变得敏感了，动不动就会有情绪低潮期，还会因为人家的一句话、一个眼神而思前想后：是自己的衣服穿得不搭配吗？还是头发没有梳好呢？……真是恨不得马上拿镜子来仔细照照自己，难道是自己的脸成了大花猫吗？

上课不乐意举手回答问题，怕被同学说成是爱出风头。在心里酝酿好的答案，站起来的时候仍然怕自己说不好。希望老师能多多地关注自己，可是，当老师把自己叫起来回答问题的时候却又语无伦次起来，怕老师以为自己笨，怕自己表现得不好被同学笑话，怕老师对自己产生偏见。对自己的成绩更是不满意，总觉得自己不够努力，没有把所有的心思都放在学习上，因为现在的自己开始愿意胡思乱想了，脑子里冒出的想法越来越多了，心也不像以前那么静了……

怎么样，是不是感觉姐姐把这些话都说到了你的心坎里？其实，咱小燕子现在的一切心理活动，都是每一个女孩子必须经历的“心路历程”呢。任何一个身心发展正常的人，在十几岁的时候，也就是中学阶段，都是他的大脑发育最快的时候，这个时候的我们，虽然在大人眼里还是个孩子，可是我们的脑容量在这个时期已经接近成人了。这个时候的我们开始思考：我是谁？我是一个怎样的人？别人眼中的我是什么样的？……我们在这个时期都会特别关注自己，对自己总是提出要求，并且想让自己朝着更完美的方向发展。

小燕子，你所在的这个成长阶段正是应该对自己不满意，对自己提出很多要求，想让自己不断进步，想让自己把更好的一面展示出来的时期。这正是你从无知的孩童阶段迈向青春成长期的标志啊。

对自己的牙齿最不满意的元博姐姐

秋池写来的信：

我是一名初二的学生。初一的时候我是个特贪玩儿的女孩儿，总以为自己挺聪明的，等自己想努力的时候，就能一鸣惊人。可是，初中入学成绩很好的我，到了升初二前的期末考试，在班级里的名次竟然惨不忍睹。老师说，初二是一个分水岭，成绩上去了就上去了，要是上不去，初三也就没希望了。

可是，我是要考重点高中，将来考名牌大学的呀！于是在初二前的暑假里，我就给自己制订了详尽的学习计划，把一切时间都用来学习。结果，计划实施的第一天，我就没有按计划完成所有内容，我还是会想着玩儿，困了的时候，还是想先睡一会儿。这样下去，我可怎么办，怎么办呀？

# 好的学习方法是需要我们有意识培养的

写给坐不住板凳的秋池：

秋池应该是个爱耍小聪明，坐不住板凳的女生吧。喜欢热闹，喜欢和朋友们在一起，很难一个人静下心来做件事。

秋池是从什么时候开始这样的呢？一定不是从初一才开始变成这样的，对吧？可是，小时候一样不怎么学习，一样磨磨蹭蹭地不爱写作业，小学的成绩却一直很好啊！所以，你以为可以仗着咱这聪明脑瓜，不鸣则已，一鸣惊人哪！现实是，你的如意算盘落了空，没好好学习，也就没取得好成绩，而且想好好学习的时候，却不是你想的那么容易了。

老师说，初二是个分水岭，上去的很容易保持，下来的却很难上去。你一下子急了！你不允许自己是现在这个样子！咱还要一鸣惊人呢，咱还有那么多美好的梦想要去实现呢，怎么能就这么落在后面呢？于是，你热血沸腾起来，一个人坐在写字桌前，为自己制订了详尽的学习计划，下定决心这个假期绝不出去玩儿了。把暑假作业完成好不说，还要把初一一年的课程自己梳理一遍，把过去没做完的练习册都补上，再把初二的课程预习一遍……

看着自己的详尽计划，越发感觉到自己的血液在上涌，仿佛一闭上眼睛就是自己在题海里奋战，在书海里苦读的身影，仿佛看到了初二的第一次考试，自己就高居榜首，引来同学和老师的啧啧称赞，而自己却不好意思地羞红了脸……

可计划哪是那么容易坚持的呢？玩儿惯了、散漫惯了的自己，怎么能立马“两耳不闻窗外事，一心只读圣贤书”呢？以前的你，大部分的时间都在玩儿，把学习当休闲。现在的你，计划里一点玩儿的时间都没有了不说，还打算把自己打造成为学习机器！

姐姐不得不对你的这股“狠劲儿”表示钦佩，可是，罗马不是一天建成的，胖子也不是一口吃成的，咱总得循序渐进，量力而行啊！

我们要用计划来督促自己，可是计划的制订也要有合理性和科学性。我们的计划不是一蹴而就的，而是在不同的阶段，按照实际情况不断修改的。比如现在的你，不能一下子把8个小时的时间都用来学习，你可以安排自己上午学习两个小时，下午再学习两个小时，经过一周的适应，再逐渐增加每天的学习时间。同时，不能因为自己过去把学习的时间都用来玩儿了，现在就要把该玩儿的时间都补给学习，该玩儿的时候，我们仍然要放松自己，这样学习的时候，我们才能更精力充沛。

我们追求的不该是学习时间的长短，而是学习效率的高低。

好的学习习惯和学习方法，是要我们一点点培养起来的。做个有头脑的女孩儿，是秋池从现在要重点培养的。

不爱列计划的元博姐姐

●元博姐姐的马后炮：

据权威专家的说法，这个可是有科学依据的哦，一个习惯的养成只需要一个月的时间，所以，计划养成某一良好习惯的你，坚持一个月吧，也许这个好的习惯就属于你了呢！

# 放弃，并不是最好的选择

小北写来的信：

我是一名高二的学生，由于成绩不好，或者说是我不愿意学习，家里人为我报了美术辅导班，希望我能以艺术生的身份参加高考。

我找各种理由逃课不去上学，我只喜欢窝在床上，拉上窗帘看小说。我已经对自己彻底放弃了，可是家里人却仍然为了我煞费苦心，甚至带我四处接受心理咨询和辅导，可我仍然不喜欢学习。

写给小北：

如果把窝在被窝读小说和每天在闹钟铃声一次次的催促下起床去上班相比，我也会选择窝在温暖的被窝里喝着牛奶、读着小说的日子。

可是，正当姐姐羡慕你惬意的小日子的时候，我却一下子惶恐起来，如果让我天天过这种生活，我将陷入一种怎样的混沌状态呢？

也许在你看来，这样的生活是最最惬意的，在幽暗的卧室里，读一本喜欢的书，沉浸在书中所描绘的世界里，逃避掉你所有该去面对的真实的生活。

可是小北，姐姐想问你，你有想过自己的未来吗？想成为怎样的人？想做一份什么样的工作？想拥有一种怎样的生活？

是不是那些美好的想象，都因为需要付出努力，而你实在不愿意活得那般辛苦，所以已经很久没有想起了。

面对压力的时候，面对困难的时候，我们可以有许许多多的应对方式，当然逃避也是其中的一种，可是，既然有那么多的方式可以选择，为什么不让自己再去试试除了逃避之外的可以应对压力的方式呢？

姐姐记得有一次坐出租车回家，开车的师傅和我聊起了他孩子的学习问题。这个师傅说，自己的女儿出奇的笨，从上小学开始就一直在班级里排倒数几名。他一直认为她天生就不是学习的料。女儿初中读的是最不好的初中，高中也一样是最不入流的高中，家里已经不想让她上学了，可她却说一定要继续读高中，一定要考上大学。从高一开学的那天开始，她每天除了吃饭和睡觉就只知道学习。那位司机师傅说，他女儿都快学成傻子了。因为上的是最不好的高中，大部分学生都是去混日子的，可是他女儿还是坚持以前那样的学习状态，贪黑起早，后来她的学习成绩真的渐渐有了起色，到了高三的时候，几次模拟考试的成绩都进了往年的本科线。最后，她考上了一所省级重点大学。

我还记得那天，正好是那位司机的女儿接到录取通知书的日子，那位司机一直说，没想到女儿的坚持到底是让她圆了自己的梦。

姐姐讲这个故事给你听，并不是想说，那些不甘心自我放弃的人，注定会有属于自己的精彩。姐姐只希望你去把窗帘拉开，走出自己的卧室，在清晨里，迎着阳光去上学，渐渐地你就会发现，其实换一种生活方式，换一种应对困难的方式，你可以活得更快乐。

喜欢睡觉睡到自然醒的元博姐姐

# 没有一种草不是花

● 写在前面的话：

“没有一种草不是花”是一句很温暖的话，这句话，来源于姐姐看到的一则故事，就它的科学性而言，姐姐无从考证。可是，姐姐却想把这句话说给你们每一个人。

落英缤纷写来的信：

姐姐，我首先要告诉你一个好消息，我考上重点高中了！拿到通知书那天，我兴奋得一夜没睡，考上了重点高中，这就意味着我离大学更近了一步。我没有辜负身边亲人对我的期望，更没有让自己的辛苦付诸东流。

可是，我的烦恼也接着来了，从小在农村长大的我，要去市里读高中，我能适应城里的生活吗？城里的同学见多识广，他们会不会瞧不起我呢？我这个农村孩子，能在市里重点高中站稳脚跟吗？

写给陶渊明笔下的落英缤纷：

你的这个让人想去桃花源的名字，让姐姐联想到了芳草鲜美的景致。姐姐在想，落英缤纷的家，一定是有着一个大大的院落，院子的前面连着的是一片青山，春天来临的时候，便是一片山花烂漫的景象，有鸟语，有花香，有山泉叮咚地响……当你给你的城里同学描述着这一切的时候，他们一定会羡慕地流口水呢。

姐姐有一个很喜欢的故事，把它讲给你：

有一群十五六岁的少年，学校组织他们到百里外的县城参加全县的作文竞赛，因为可以进城，还可以坐汽车，他们兴奋得不得了。可他们也担心，担心像他们这样的山里孩子能赛过城里的学生吗？要是没人能得上奖，多丢人哪？

他们的老校长看出了大家的心思，就问了大家一个问题："你们常常上山下田，谁能说出一种不会开花的草？"

不会开花的草？蒲公英是会开花的，它的花朵是金黄的，秋天时结满了降落伞似的小绒球；狗尾草也是会开花的，那狗尾巴似的绿穗穗就是它的花朵；就连那些麦田里的荠荠草也是会开花的，它的花洁白洁白的，有米粒那么大，就像早晨阳光照耀下愈发晶莹的一颗颗露珠。他们想来想去，把所见过的每一种草都想遍了，可谁也没有想出来哪一种草是不会开花的，只好摇摇头对老校长说："老师，没有一种草是不会开花的，所有的草都会开出自己的花朵。"

老校长笑了，说："是的，孩子们啊，每一种草都是花。栽在精美的花盆里的花是一种草，但那生长在田地边和山野里的草也是一种花啊。不论生活在哪里，你们和其他人一样，都是一种草，也都是一种花。记住，没有一种草是不会开花的，再美的花也是一种草。"

姐姐可以感觉到，你是一个有理想、有抱负、聪明又好学的女孩儿，姐姐没有太多的话安慰你，因为姐姐知道，所有的道理你都懂得，也都明白，所以只送给你这个故事，你要更加坚定地相信自己。相信自己，一定有美丽绽放、吐露芬芳的一天。

把自己当成狗尾巴草的元博姐姐

寂寞写来的信：

下个星期就要中考了，可是我却整天无所事事的样子，玩玩手机，随便翻翻书，仿佛中考还在十万八千里之外……

我不知道自己有什么可取之处，值得老师喜欢我，同学羡慕我。几乎没有老师不知道我的小名，他们都在自己的班级里大肆宣扬，说我平时学习多么刻苦，我是未来考上某某学校的希望。同学也是对我的成绩一脸艳羡，问我的书怎么可以读得那么好呢？我在一次又一次的“谦虚”之后，开始厌倦，厌倦被人把我当神仙似的捧到天上去。

他们没有看见，也不知道，我在午后的阳光里，枕着寂寞发呆，然后让时光从我的指缝间溜走。这样的我，这样不懂得珍惜时间的我，是在刻苦学习吗？是该让人称赞的好学生吗？

# 你有想过自己的目标吗

写给寂寞的信：

寂寞你说，想把压在心里的垃圾倒给我。可是，寂寞的垃圾让姐姐也一下子沉重起来。你这个年纪正好是叛逆的种子在心底无限地滋生着，你讨厌别人对你的任何一种评价，别人的评价越是与你相似，你就越是想逃脱，想与之背道而驰。

在老师的眼里，你是个好孩子，你的成绩好，又看起来乖巧懂事，老师自然会认为这样的好孩子，一定是刻苦努力型的。乖孩子自然要赢得老师的喜爱，所以，老师会唤你的小名，会大宝贝一样的宝贝着你，会动不动就提起你的名字。姐姐能想象得出，你安静、懂事、乖巧，或者是笑起来的时候，脸上还挂着两个浅浅酒窝的乖乖女模样。

你的同学羡慕你，因为你的身上有着他们想得到的老师的宠爱。他们也和老师一样赞美你，用仰望着月亮的眼神一样仰望着你……

可是，在你心里，自己就是一个再普通不过的女孩儿，你也有不愿意学习、想偷懒、想不完成作业的时候；你也有想放纵自己的时候；当和别人观点不同时，你也想大声发表自己的见解。甚至，你想故意迟到，考试的时候想故意交白卷，来让老师知道，其实你也是个有脾气的孩子。但最终你却没有勇气这样做，你已经习惯了做一个好孩子，做一个别人眼里的乖乖女。

当别人用刻苦、努力来形容你的时候，你在心底的某一个角落会发出这样的疑问，难道我就只是一个刻苦、努力学习的人吗？如果是那样的话，我怎么会无缘无故地发呆，我怎么会什么也不做，只想一个人待着，怎么会把大把时间浪费在玩手机、翻闲书上呢？我也一样是个懒惰的人啊！

哎，我的傻寂寞，你哪里是懒惰呢，你不过是不愿意背负着那么多的光环呀！光环越多，压力就越大。

我们也许是某一个小群体的佼佼者，打个比方说，班级的第一名在年级是第几名呢？在全区、全县、全市、全省乃至全国呢？

这个世界很大，大到我们永远触不到边际，所以，我们要给自己一个力所能及的目标，要给自己设定一个规划和梦想，每天进步一点点，这样，在茫茫的旅途中我们就会不迷失不迷惘吧。

寂寞，姐姐想问你，你有想过自己的目标吗？

喜欢被人赞美的元博姐姐

### ●元博姐姐的马后炮：

我们每一个人都不能预知自己的未来，我们并不知道自己要走一条怎样的生活之路，所以在前路茫茫中，我们也会有疑惑和迷失，也会有害怕和惶恐……可是，如果我们在这条漫漫长路中，每一段距离、每一个时期都给自己订立一个目标，那么这一个个目标就是一盏盏明灯，会慢慢照亮我们前进的路！

# 允许自己不喜欢学习

上弦月写来的信：

我是一个很把学习当回事儿的学生，成绩也一直名列前茅。虽然高一刚开始，但我几乎每天都要苦读到后半夜。可是最近我突然感到自己过去的那股学习热情一下子不知跑到哪里去了。虽然整天都在盯着书本看，内容却一点儿也不往脑子里进。想不学吧，又觉得也许一会儿就能看进去呢，却依然是干坐几个小时，傻傻地盯着书，就是不进脑子。我现在特别烦，我这究竟是怎么了呀？

写给上弦月：

学习是件苦差事，它需要我们全身心地投入，需要我们的热情，需要我们对它的喜爱，更需要我们的意志力，需要我们的坚持。

上弦月，知道吗？你的描述让姐姐想起了自己上中学那会儿，初一的第一次考试我在班里排了二十几名。老师给我们开总结会的时候说，我们班的同学都是从各个小学上来的尖子生，不要以为小学的成绩能代表一切，对手遇到对手的结果就是这样，别找借口说是自己没发挥好，而是你就该在这个位置上！老师的话，句句都直击着我的心，面对自己本不应该做错的题，真的是做着抱着头揪头发的动作在痛恨自己。

你是不是也正抱着头，揪着头发，正在咬牙切齿地痛恨着自己的不争气呢？怎么就学不进去了呢？怎么就脑袋没有流量了呢？怎么就脑细胞一点儿都不动了呢？……自己这究竟是怎么了？你和自己说，我是个把学习当回事儿的人啊，我是个学习努力的人啊，我就应该时时刻刻都把精力放在学习上，时时刻刻都该是高效率的学习，时时刻刻都该是可以全身心投入的呀！……

可是，姐姐的上弦月，既然你是上弦月，那一定懂得月有阴晴圆缺的道理呀，连我们看到的月亮的脸都不能总是圆的，我们怎么就不能允许自己有一段时间学习效率低，看书看不进去，大脑有些迟钝呢？我们怎么就不能允许自己稍微放松自己，或者是放纵自己呢？

老师在物理课上，一定给你们做过有关弹簧的实验吧，是的，一开始，我们给弹簧的压力越大，弹簧释放出来的弹力也就越大，可是，一旦我们给了弹簧超出它所能承受的压力，弹簧也就无法恢复原状了。

我想你的物理老师，应该不仅仅把实验做到这里就结束了，他（她）应该还会引申出一些话给你们，就是压力和动力在一定程度内是成正比例的，如果压力超出了所能承受的范围，那么动力也就没有了。就是说，你的压力一旦太大，你反倒会丧失了动力，在面对学习上就是这样的。

亲爱的，如果有一段时间，你对学习产生了厌烦心理，那么别硬挺着，允许自己把学习这件事抛在脑后，尽情地放松和放纵自己吧！

特别注意劳逸结合的元博姐姐

# 你不是笨女孩

笨笨写来的信：

我是一名高一的学生。从小学到初中我的成绩一直很好，我也以优异的成绩考上了重点高中。可是我不知道是我的学习方法不对还是我不够聪明，我的成绩自从上高中后就始终不理想。开始我的成绩在班里十几名，可在接下来的考试中却是一次不如一次，一次次失利后，我更加努力，努力之后收获的却是一片空白。

数学是我的弱项，我把大把的时间花在数学上换来的却是不及格！

可我不太花时间的物理和化学却能取得班上的最高分！我真的不知道应该怎样学习了！

是我太笨，还是我的学习方法有问题？

写给傻傻的笨笨：

笨笨真是个钻牛角尖的傻姑娘。你怎么会是笨女孩儿呢？笨丫头怎么会从小成绩就一直很好，怎么会以优异的成绩考上重点高中，怎么会物理和化学拿到班上的最高分？

姐姐在你的文字里，可以深深感到，你是个积极向上的女孩儿。只是在面对几次你所谓的失败中，开始变得不大相信自己了。

知道吗，物理和化学能学得好的女孩儿，一定都是高智商的，这充分说明了你的潜力所在。

可是，咱为什么花着大把时间和精力的数学就学不好呢？

因为你太在意你的数学成绩了，数学是你的弱项，可数学又是三大主科之一，数学的重要性是我们任何人都不敢忽视的。所以你就不停地对自己说，一定要学好，要学会，要在考试的时候拿高分！再想想你对物理和化学的态度，你很藐视它们，你告诉自己这些都是小case。

姐姐曾经采访过几位高考状元，当我们聊到学习态度的问题的时候，他们的回答竟然惊人的一致，要让学习拜倒在自己的脚下，战略上藐视它，战术上重视它！要相信自己一定能学好！

姐姐再来说一个心理学方面的实验。曾有人用大猩猩做过实验，实验人员让饿了好久的大猩猩去设法够取香蕉。结果发现，饥饿时间在6小时~24小时的猩猩，解决这类难题的“成绩”最好。低于这段时间的猩猩，由于饥饿程度不太高，取食的动机不太强烈。而高于这段时间的猩猩，由于饿得太久了，以致强烈的取食动机反而干扰了猩猩对如何取食的思考，所以“成绩”也不太好。

我们由此可以联想到考试动机与考试成绩的关系。当你在考试中取胜的动机过于强烈，并产生了极度紧张的心理时，对考试成绩的担心会严重干扰和分散你在解决问题时需要的思考力和记忆力，并且在考试中稍遇困难，就会引起恐慌。当有那么几次考试失利的阴影后，你就容易建立起消极的条件反射，更担心再次考试失败。可越是怕失败，心理状态越不稳定，反而越容易失败。而你不太担心的物理和化学反而会考好也同样是这个道理呢！

傻傻的笨笨，和像笨笨一样心急地想抓住太多东西的傻姑娘们，学习方法其实是一种应对的心态，做个聪明的女子，不单单是在成绩上体现出来的。

喜欢吃香蕉的元博姐姐

●元博姐姐的马后炮：

我们在生活中都有过这样的体会，我们在出门前越是害怕自己忘记带什么东西，往往就会真的忘记。其实这种担心是在给我们传递一个消极的暗示，忘记带，忘记带，你也就果真忘记了。下一次，换一种方式对自己说，这个东西很重要，我一定会记得带在身上的。

# 随时准备下一次跌倒

心已微凉写来的信：

姐姐，我是一名高一女生。中考的时候，我因为发挥失常没有过重点线。爸爸妈妈为了让我能受到更好的教育，东挪西借地为我交上学费让我上了重点高中。我当时暗暗下决心，一定要对得起他们，要好好学习。

可是，最近的一次期中考试，我竟然考到了班级的后几名。我开始怀疑自己的能力了。什么中考是因为发挥失常，我看自己就是失败者，居然还曾经自负地以为自己虽然跌倒了，但是依然可以爬起来。看看现在的我，根本就是一跌不起嘛！

写给心已微凉：

哎，你的心哪里是微凉啊？姐姐分明感觉到你的小心那叫一个冰凉。你因为一次期中考试而全盘否定了自己，认为自己就该是个失败者。

好吧，那我们就来看看你有多失败。初中的时候你成绩很好，考上重点高中那是没有问题的。可是，偏偏咱就是没进重点线。爸爸妈妈不忍心看着自己发挥失常的女儿就此与重点高中失之交臂，本来不富裕的父母为你借钱，圆了你的重点高中梦。可是上了重点高中的你，却没能为父母争气，因为第一次期中考试，你只排在了班级的后几名……

说这话的时候，姐姐一直在想，怎么就没看出来你是个失败者呢？哪里表现出你已经站在了失败者的队伍？

你初中成绩很好，有考重点高中的希望，这说明你是一个有着良好初中学习基础的学生。你的爸爸妈妈为了你，借钱也要让你受到更好的教育，是因为他们对你寄予厚望，因为你在他们心里是一块值得雕琢、可以成器的玉。你以为自己到了高中，只要好好学习就可以取得好成绩，这说明，你的骨子里是个自信的姑娘，你相信自己的能力……

拥有着这么多光环的你，用失败者给自己定义是不是过于草率了呢？

姐姐知道，也能够理解，中考的失利对你造成的影响，的确，当我们信心满满地去做一件以为必胜的事情时，却得到了完全意想不到的失利，那对我们是实实在在地冲击。可是，亲爱的，当你蹒跚学步，以为自己可以像爸爸妈妈一样自在走路的时候，你却在欢欢喜喜地迈出第一步时就跌倒了，当你在爸爸妈妈的鼓励下，爬起来，再迈步的时候却依然是跌倒的结果。如果那个时候的你就像今天这样，认为自己是一个注定的失败者，就赖在地上，不愿意再爬起来，那么今天的你应该还在爬行，而不会直立行走吧？

你会反驳我，你当然要反驳我，那个牙牙学语、蹒跚学步的时期，你根本就没有我描述的那些意识。说得没错，就是因为那个时候的我们没有这些复杂的意识，我们才执着地跌倒再爬起，爬起再跌倒，直到我们成功地迈出第一步、第二步，我们学会走路，学会奔跑。

姐姐的心已微凉，勇敢地继续你的步伐吧，随时准备着下一次跌倒！

一样害怕跌倒却又一直前行的元博姐姐

# 生活优秀所以快乐

熊猫冉冉写来的信：

姐姐，我是一个快乐的小精灵，我每天都活得很开心。看到有些同学整天愁眉苦脸地不高兴，我就问他们，为什么一定要让自己不高兴呢？生活里有那么多的乐趣可以寻找呀？他们就反问我，你当然活得高兴了，成绩好，人长得漂亮，老师宠着，还有男生对你献殷勤，你没理由不高兴呀？我们要是像你一样，我们也活得快乐！

写给可爱的熊猫妹：

熊猫妹妹，姐姐看到你的名字高兴了好一阵子。姐姐从小就被同学们起了个绰号叫熊猫，我是姐姐熊猫元博，你是妹妹熊猫冉冉。

不过，熊猫妹妹，你的问题还真的是难住了姐姐，你的同学都说，如果他们能像你一样优秀，他们也一定会快乐的。而这个问题，也是姐姐最近在思考的。

前段时间，姐姐在一家餐厅遇见了大学时的一位外语老师。老师是那种我们眼里的优雅女人，有好的容貌、好的身材、好的教学能力和教学方法……她上课的教室从来都是人满为患，大家喜欢她的课，也喜欢她的人。

我们聊起她的女儿，老师说，她的女儿这几天正中考。老师说，她对女儿的要求太严格，要成绩，要美丽，要具备良好的素质……她说，女儿在别人的眼里的确算是个很出众的女生，而在她的眼里远没有达到她的期望。我笑，说她是个典型的完美主义者，把自己的意志强加到女儿的身上，反倒会让孩子产生逆反心理。老师很严肃地对我说，不，我的观点是生活优秀所以快乐！老师接着说，自己小时候成绩非常棒，当年高考的时候数学仅差两分就是满分。她说自己做学生的时候，乐趣来自成为一个优秀的学生；工作以后，乐趣就是成为一名出色的老师；组建了家庭，成为优秀的妻子和母亲也是她的快乐源泉。优秀起来，也就拥有了快乐的资本。

我的老师说，生活优秀所以快乐。

熊猫妹妹，你的好多同学好像也是这个观点哦！姐姐也一直在想，是啊，什么才是快乐生活的源泉呢？优秀的成绩，良好的人缘，漂亮的外表，都可以让生活绚丽起来，快乐起来。

不过，姐姐的观点却是这样的，优秀并没有特定的标准，只要是充实的生活、快乐的心态，只要是我们在接纳、喜欢自己的同时，也在欣赏别人，就是一种良好的生活状态，我们就可以把它称为优秀。

优秀和快乐都该是我们共同的心灵追求！

可以被叫作熊猫元博的元博姐姐

## ●元博姐姐的马后炮：

优秀并没有特定的标准，只要我们有充实的生活、丰盈的内心，只要我们在喜欢别人、悦纳自己，都可以说这是一种良好的生活状态，我们就可以把它称为优秀。

# 意志力是需要培养的品格

冬日恋歌写来的信：

姐姐，我认为自己还是个上进心很强的人，可是却没有毅力去坚持做好每件事。我对学习本来很有热情，但上课的时候就想，稍微开下小差也没什么关系，课后找时间再看。课后习题总是今天推明天，明天又推明天。

眼看着那些成绩本来不如我的同学因为坚持，成绩已经超过了我。看着其他同学每天都找时间读书，也比我知识面广了。我不甘心落于人后，却又没有意志力，我该怎么办？

写给冬日恋歌：

姐姐想说的第一句话是，世上有两种平庸的人，一种是甘愿平庸，另一种是每天想着怎样才能不平庸？然后把时间浪费在明日复明日的遐想中。

除了第一句话，姐姐还有很多句话要说。

你说，“姐姐，我认为自己还是个上进心很强的人”，那好，我们来看看，你的上进心在哪里？上课的时候，懒得好好听课，不然你怎么故意允许自己开小差呢？课后的时间里，你懒得复习，不然你怎么在面对习题的时候，和自己说今天先休息一下吧，明天补上就是啦！……你把这些叫作上进心？还是把当其他同学经过努力取得成绩的时候，你的嫉妒叫作上进心呢？

姐姐看到的是缺少意志力和缺少积极行动力的女孩儿。上课开小差，因为你不坚持好好听课，你害怕劳累，所以怎么舒服怎么来。课后，不愿意完成作业，因为你不愿意思考问题，动脑和动笔是辛苦的事，你放纵着自己得过且过。

可是，冬日恋歌，你想过没有，有谁生来就愿意学习呢？有谁觉得坐冷板凳是最舒服的事呢？有谁觉得把老师讲授的内容理解消化吸收是像听八卦或娱乐新闻那样轻松呢？

学习是件苦差事，也真的需要我们的意志力。姐姐最想对你说的话是，意志力是需要为自己培养起来的品格，而这种品格的培养，需要我们的坚持和积极的行动。

喜欢开小差的元博姐姐

## ●元博姐姐的马后炮：

### 关于意志力培养的小总结

一、学会支配自己的行为，不断激励自己

要把自己看成是能够支配个人行为的人，要相信自己完全有能力战胜身上的惰性。

二、学会管理时间

为自己每天确定目标，必须按目标完成任务，当然任务的量是要循序渐进的。要按自己能达到的标准制订。

三、持之以恒

目标要每天制订，每天晚上对照自己任务的完成情况，完全按照表格上的内容来要求自己。

四、分阶段的自我总结

每一周对自己的学习生活做一个总结，把不足一一改进。

五、养成良好的学习习惯

充分利用课堂的时间，坚持记笔记，这样有助于你始终能跟上老师的思路。遇到问题积极思考，这样才能激发你的学习兴趣。

# 专心致志并不需要用冷漠来表达

淡淡的写来的信：

初中的时候，老师告诉我，学习必须要静下心来，必须坐得住板凳，就算有同学和朋友来找你玩，你也要毫不犹豫地说“不”。于是，我就照老师的话去做，虽说成绩有所提升，但是我发现身边的朋友、同学都渐渐地远离了我，而我自己的心也变得越来越冷漠。

到了高中，我的这种心态变得更厉害了。有时候，我坐在座位上，就算在我背后出了人命，我也没有热情去回头看一眼。同学都认为我无法接近，我也深深地感到这一点，所以我正试着改变自己的性格，主动和别人说话，但是每次都以失败告终。

写给淡淡的：

哎，本来好好的一句“两耳不闻窗外事，一心只读圣贤书”，说的是一种读书的境界。可是怎么到了你淡淡的身上，就变成了一种冷漠的表达呢？

老师说，学习就要静下心来，其实老师的意思是说，学习的时候就要有一个学习的样子，就不能像一句俗语说的那样东一耙子西一扫帚，学习的时候要能耐得住寂寞，不能有个猫啊狗啊的一叫唤你就把注意力转移了。但是老师的意思并不是说，你为了能静下心来，为了能耐得住寂寞，就要对身边的一切都冷淡处置。谁说专心致志就需要用冷漠来表达呢？

退一步说，你按照自己的理解方式，如果你感到舒服，感到愉快，感到身心愉悦，那么，这也是没有任何问题的，你依然可以舒坦地学习和生活着。而事实上，你对自己的这种理解方式和处事方式都不能接受。你也知道，专心致志地学习，并不是要以对待他人的冷漠和对环境的“事不关己，高高挂起”为前提的。

所以，当你的同学，当你的朋友，因为对你的行为方式不认同，而远离你的时候，你也开始怀疑自己这专心致志的方式是存在问题的，而这种怀疑从一开始你就是怀有的。

淡淡的，你问姐姐，为什么你想改变自己，却在一开始就不被别人接纳。你知道是你的冷漠让你得到了今天的结果，其实，你是渴望被别人接纳的。你是渴望融入你所在的群体中的。可是，淡淡的，姐姐想问你，当你一开始用你的专心致志表现出冷漠的时候，你的同学、你的那些朋友就对你敬而远之了吗？没有，对吧？他们是慢慢才发现，你的世界里容不下他们，才转身离开的。当初你让人家“滚”，人家“滚”了；现在你又让人家回来，对不起，人家“滚”远了。

既然“滚”远了，总不能喊一声就立马出现吧，总需要一个时间和过程呀。所以，姐姐相信，也希望你和姐姐一样相信，只要你真心需要朋友，真诚对待朋友，他们早晚会回到你身边的。

忽然的某一个清晨，你会发现，有那么多熟悉的面孔，带着微笑，亲切地对你说，嗨，早上好！

“两耳不闻窗外事，一心只读圣贤书”的元博姐姐

# 做自己的公主

苏小苏写来的信：

我曾经是别人眼里的坏孩子，小时候的我，顽皮，不懂事，不爱学习，逃课，打架……而事实上，我的骨子里是不愿意这样的，我是一个渴望上进的女孩，我想做一个好女孩。于是从小学六年级以后我开始努

力学习，可我考出好的成绩却被认为是抄的。

现在上了初中，我想一切从头开始，我努力学习，努力去做每一件事。可是我似乎已经被贴上了坏孩子的标签。我曾经的种种不良行为传到了现在同学的耳朵里，他们对我指指点点，说我这说我那，同学们都不愿意接受我。我甚至连能静下心来学习的机会都没有！

难道我就应该是个坏孩子吗？

写给让人心疼的苏小苏：

亲爱的苏小苏，让人心疼的苏小苏，你的伤感一下子击中了姐姐的心。姐姐从小到大一直是别人眼里的好孩子，带着好孩子的光环一路走来，心里忽然漾出了一肚子的委屈。十几岁的时候，姐姐常常想，自己什么时候能不做好孩子呢？能逃课，能不学习，能有勇气去追那个篮球场上最帅的男孩子，能敢和老师作对……那些曾经在脑海里闪过的念头，最终都还是放弃或者忘却了。

小苏，你知道吗，其实姐姐小时候，特羡慕那些别人眼里的“坏孩子”。她们打架，她们谈恋爱，她们敢爱敢恨，她们敢大声地说出自己的不爽，她们率真和随性……上中学的时候，我们班级里有一位“大姐大”类型的女生。我们是邻居，放学的路上总是会遇见，她也就经常向我借作业来抄。记得有一次，班里一个男孩子欺负我，她上去指着那个男生就破口大骂，她说他嫉妒一个女生学习好，真不配做男人！

后来，她没念完初三就辍学了。她走的那天来看我，拉着我的手说，其实，她一直想做一个和我一样的乖乖女，她说，她对我好，喜欢我，就是因为她一直希望能成为我这样的女孩，可是，大家并不给她机会，她无论怎样努力，都还是一个坏女孩，只有那些和她一样的伙伴才愿意接受她……我当时不知道要说些什么，只是一个劲儿地点头，看着她转身离开的背影，我一下子蹲在地上大哭。其实我一直想告诉她，我也羡慕她的生活，我愿意和她成为朋友，也一直把她当作朋友，我很感激她曾对我的帮助……可是，最终这些话我都没有说出口。

小苏，现在姐姐想把这些话说给你听，姐姐喜欢你这种率真和随性的女孩子，你们有勇气、率性、坚强。姐姐也知道，在你们看起来满不在乎的外表下包裹着一颗脆弱的心，因为你们受过伤害，因为你们害怕再受伤害才故意用倔强和不羁来武装自己。

可是，亲爱的，就算全世界都抛弃了你，都伤害过你，你依然要宝贝着自己，要做那个心里最喜欢的自己！无论我们在别人的眼里是好女孩，还是坏女孩，记得，我们都是自己的公主，都要带有傲骨，挺起胸膛，好好生活！

喜欢芭比娃娃的元博姐姐

# 阅读本身就是一种修养

喜羊羊写来的信：

姐姐，我从小就很喜欢看书。可是我现在遇到麻烦了，我的成绩已经从年级的前30名降到现在的128名。原因我是知道的，就是因为我最近超级迷恋看小说，达到了痴迷的程度。我告诉自己再不能这样了，初三了，忍一忍拼一拼，我还是能考上好高中的，可我只坚持了两个星期，就又在课堂上偷偷看小说了！

我没有办法了，真的，我就是管不住自己，我要怎么办啊？

写给管不住自己的喜羊羊：

哎，先让我长吁一口气，然后姐姐想说的是，你喜羊羊喜欢看书，不过我猜，你是竟看了些没营养的书吧。

因为姐姐相信，好书可以滋养心灵，可以培养情操，可以帮助我们提高个人修养。而让你痴迷到可以放弃学习，让你如毒瘾般难以戒掉的，怎么会是可以充盈心灵的课本呢？

别轻易说出“我是个爱读书的人”这句话。爱读书，该是把有益的阅读当作一种乐趣，在漫漫的旅途中有一本好书陪伴，会感觉不孤单；在闲暇的午后，捧一本书于温暖的阳光下细细读来，可以体味到生活给我们的美好；在入睡前的夜晚，读一本自己喜欢的书，会让我们在梦里睡得香甜……

阅读是一种兴趣爱好，但是在姐姐看来阅读本身就是一种修养，因为只有那些能够沉下心来，能够耐得住寂寞的人，能够用心灵与作者神交、能够聆听自己心声的人，才是懂得阅读的人。

喜羊羊，姐姐也知道，阅读对于你，一直是一种享受，在阅读里，你得到了许许多多的快乐。而在最后的中考冲刺阶段，你在小说中不能自拔其实是因为你在压力面前选择了逃避和退缩。因为此时的你，相对于学习的苦和读小说的乐，你更愿意沉浸在乐中。

可是，喜羊羊，你想过没有，现在的“乐”是一时之乐，你完全可以选择用读小说的快乐来逃避你必须面对的学习上的压力，但是，逃避过后的结果是什么呢？答案恐怕你比姐姐更加清楚吧。

如果，一时之乐的结果是长久的不快乐，你更愿意作出怎样的选择呢？

姐姐的建议是，既然咱已经认识到了问题的严重性，既然已经有了痛改前非的勇气，但是在行动上还缺少定力的话，不妨借助外力来加强自身的改变吧。让你的爸爸妈妈、你的同桌、你的好友，一起来监督你，当你在小说中找乐的时候，他们可以用河东狮吼、小皮鞭抽打，或者弹脑瓜奔儿、掐肉肉的方式来提醒你……姐姐只在这里抛个砖头，具体的方式由你自己来决定吧！

喜欢懒羊羊的元博姐姐

●元博姐姐的马后炮：

面对压力的时候，我们可以有很多应对方式。勇敢地直面，或许该是我们最应当选择的方式。因为当你张开臂膀拥抱困难的时候，你会发现，原来你可以俯视它。

# 白日梦可以放心做

空空的来信：

我是个喜欢空想，喜欢编故事的人。比如看到喜欢的电影、电视剧，我就把自己想象成其中的某个角色，有事没事地继续幻想下去，幻想自己是剧中的人物，上演着怎样的故事。我怀疑自己是不是得了什么妄想症？怎么这么愿意瞎想呢？

写给空空的信：

空空，姐姐看着你的来信的时候，一直都在心里勾画着你的模样……小眼睛还是大眼睛，是高高的个子还是小巧玲珑，是个爱说爱笑的外向型女生还是个喜欢安静独处的小姑娘……姐姐的脑海里冒出的这些想法，是不是也算胡思乱想呢？姐姐甚至忽然想起了樱桃小丸子。

其实胡思乱想，瞎编故事，把自己想象成电视剧呀、电影呀，或者小说里的主人公，把人家的故事添加到自己身上，甚至想出个续集，这是我们每个人都会有的联想。我们在空闲下来的时候就会让自己的思绪像挥着翅膀的小鸟一样在天空翱翔呢。然后，当我们一个人出神地沉浸在故事中的时候，我们的好朋友会从背后偷偷地敲我们的头说，喂，又在做你的白日梦吗？

嗯，说得没错，就是白日梦。这个白日梦，还是心理学上的专业名词呢。心理学研究表明，偶尔做做白日梦是对我们的身心都有好处的。比如有的教练员就运用做“白日梦”的方式来训练运动员。教练让运动员在繁重训练之余做些关于成功的白日梦，想象着自己在赛场上的风采，自己登上冠军领奖台时的激动，台下观众的欢呼和雀跃、鲜花和掌声……什么什么，臭鸡蛋？（你看看，姐姐不是也胡思乱想了吗？）其实这些让人心潮澎湃的想象，是一种积极的心理暗示呢，这样的白日梦多做点儿，就是在不断地鼓舞和激励自己。多多体会到成功的快感，也会让自己更接近成功。空空，你知道吗，文学和艺术创作的灵感，多半也是来自文学和艺术大师们的“白日梦”呢！

这“白日梦”可不是什么坏东西，好好加以利用，就是我们可以用来放松和休养身心的好方法。

喜欢做美梦的元博姐姐

● 元博姐姐的马后炮：

像空空这种担心自己是不是有啥心理问题的同学，应该说大有人在。其实，我们正常人都或多或少地存在一些心理问题。

现实生活中，绝对十全十美的心理状态是不存在的，就像每个人都会感冒发烧一样，有些短暂的异常心理经常会发生在我们身上。只要时间短、程度轻、未对我们的生活构成严重影响的，都是正常的心理现象。

让我们一起来看看这些正常的心理现象吧：

焦虑反应

为适应某种特定环境而表现的一种反应方式。比如登台演讲、重要考试等活动之前，会有心跳加快、坐立不安等紧张焦虑之感。担心忘了词，担心考不好，等等，事过之后，这些感觉就消失了。

类似歇斯底里

情绪过于激动时，有人会出现如声泪俱下、摔东西、撕衣服、尽情发泄等大失常态的行为。待事态平息下来后，便会从激动的情绪中走出来，恢复常态。

强迫

也许你有这样的体验：早晨出门，明明锁上了门，可心里还嘀咕：煤气阀门关了吗？灯关了吗？只好转身又检查一遍。一般脑力劳动者尤其是做事认真的人是容易出现这种现象的。但持续的时间不长，对生活、工作无碍，仍属正常现象。

疑病

身体偶有不适，便根据自己有限的医学常识来简单地对号入座，怀疑自己得了什么严重的疾病。只要进行检查，经医生解释后，排除了某种疾病的可能，疑病现象随之消失。

幻觉

正常人在迫切期待的情况下，可能听到敲门声、说话声，等等，经过确认后，自己意识到是幻觉想象，医学上称之为心因性幻觉。正常人在似睡非睡状态中偶有幻觉体验，不能属病态。

自言自语

在专注于某一件事或沉浸在某一情境中时，有些人常会自言自语，边说边露出微笑。但能选择场合、自我控制，这也是正常现象。

疲劳感

通常有相应的原因，持续时间较短，不伴有明显的睡眠和情绪改变，经过良好的休息和适当的娱乐即可消除。

恐怖感

站在很高但很安全的地方时会出现恐怖感，有时也想往下跳，甚至想到跳下去是什么情景，这种想法如果很快得到纠正不再继续思考，则属于正常现象。

自我牵挂

任何人都有自我牵挂倾向，如你走近时，别人停止说话，这时你往往会怀疑人家是在议论自己。这种现象通常是一过性的，而且经过片刻的疑虑之后就会省悟过来。

错觉

正常人在光线暗淡、恐惧、紧张及期待等心理状态下往往会出现错觉，但经反复验证后可迅速纠正。成语“草木皆兵”“杯弓蛇影”等均是典型的例子。

# 长大是一种慢，要慢慢来

布布熊写来的信：

我习惯在日记本上记录着那些不为人知的小秘密和我的小心思，习惯看着一个个擦肩而过的人，心里还会为短暂的以秒记的相遇而心存悸动。与自己最好的朋友离别时，我会偷偷跑到没人的地方练习微笑和祝福的话语，最后却仍然无法说出口，转身泪水就奔涌而出。

我会在开心的时候用让人费解的火星文记录下自己的感受，有时会为了一句玩笑就与别人争吵，我还是会有一些小疯狂，可我并不是故意在伤害别人……我还在慢慢学着长大，所以我还有些倔强，我还不够坚强，我还要学习面对。

写给可爱的布布熊：

当有一天我们把小小的秘密用一个本子宝贝起来，记录着我们那些不愿意让第二个人知道的小心思的时候，当我们对某人的一句问候、一个眼神、一次相遇而感到自己的心像被轻轻拨弄的时候，当我们害怕离别，害怕彼此分开，不想伤害别人，也不想被人伤害的时候……是我们正在悄悄地长大呢。

你说，你正在慢慢学着长大，嗯，长大本来就是一种慢，我们要慢慢来，要用充足的时间来体会自己的每一次成长和成熟。

姐姐有一年独自一人出差去北京，一个人背着相机和电脑穿梭在北京拥挤的街头。我在博客里写，这是我第四次来北京，身份已不再是爸爸的跟屁虫。

那一次北京之行，姐姐很荣幸地认识了中央电视台的节目主持人董卿姐姐。对于我们这些普普通通的电视观众，央视著名主持人是需要我们仰视和遥望的。我不曾想过可以和我的偶像平等对话，甚至有着惶恐和不安。而当董卿姐姐出现在我面前的时候，我的恐惧和不安顷刻消失，她礼貌地微笑，亲切地打招呼，很温和地叫我的名字——元博。

董卿姐姐说，学生时代是一生中最可宝贵的，要为自己的人生做好积累。是的，如她，并没有为自己设计怎样的生活和人生，而是在不断地积累和进步着，一步一个脚印地学习和工作。一直不曾放弃的踏实努力，让她拥有了今天让我们艳羡和崇拜的成绩。

人生需要不断地积累和进步，也只有不断地丰富和积累自己，才是我们最该追求的生活状态吧。

就像我在清华园里看到很多白发苍苍的清华老校友，在清华学堂前合影，一种由衷的敬意在心底生出。我们都曾对象牙塔的生活有着各自的憧憬，我虽然也曾生活在其中，而在清华，它的魅力却是我在梦里也未曾想过的。走进清华老图书馆的自习室，看到莘莘学子埋头苦读的时候，我又一次真切地感到，为自己的人生不断积累，才是最让我们心灵感到充实的生活。

那一次，在回家的火车上，我给爸爸妈妈发短信，请不要说我何时才能长大，其实长大是一种慢，而你们的女儿还在不断地成长，还在她成长的道路上不断前行，未曾停歇，也请相信她会长得更好。

亲爱的，让我们一起慢慢长大吧！

一直一直没有长大的元博姐姐

# 要让自己做决定

流萤飘花写来的信：

我是一个挺没主意的人，有什么事都希望别人来帮自己做决定。比如，我中午不想出去吃饭，想让同学帮我带吃的回来，人家问我想吃什么？我本来想说炒饭的，可是怕人家觉得麻烦，就和人家说，你们吃什么就帮我带什么吧！结果带回来的东西我又不喜欢。

姐姐，我只是举这个例子，你能明白我的意思吧？我这个人，总是犹犹豫豫的。哎……

写给流萤飘花：

姐姐应该是明白你的意思了吧？就像姐姐貌似看到了你那有些犹疑和闪躲的眼神，你在犹豫和徘徊中显得有些不知所措。

其实，不光是你，姐姐认识的很多女孩子都同你一样，喜欢问这样的问题，你说我该怎么办？我从现在开始努力学习还来得及吗？你能告诉我吗？……大家像踢皮球一样把问题踢给别人，等待着他人给自己作出一个决定。

就像很多孩子，给姐姐发来他们的稿子，想投给姐姐编辑的杂志，他们会把一个开头发给姐姐，然后着急地追问着，这样的文字是不是符合杂志的风格呢？按照这个开头可不可以继续写下去呢？或者是发来的这篇文字，又在结尾注明，自己认为某某部分，还可以用另外的写法，让姐姐酌情选择一个……

后来，姐姐问他们，你们觉得自己的文字好吗？是不是符合咱杂志的风格呢？事实上，在他们的心里他们很真切地感觉到自己写得不够好，但是又想撞大运一样的，试一试运气。

如同你给姐姐在信里举的例子，你明明知道人家给你带的饭不会是你喜欢吃的，你又不明确表达你到底想吃什么，最终受苦的还是自己。

姐姐想送给流萤飘花和如流萤飘花一样的花儿们一个故事：

美国前总统罗纳德·里根小时候曾到一家制鞋店定做一双鞋。鞋匠问年幼的里根："你是想要方头鞋还是圆头鞋？"里根不知道哪种鞋适合自己，一时回答不上来。于是，鞋匠叫他考虑清楚后再来告诉他。

过了几天，这位鞋匠在街上碰见里根，又问起鞋子的事情。里根仍然举棋不定，最后鞋匠对他说："好吧，我知道该怎么做了。两天后你来取新鞋。"

去店里取鞋的时候，里根发现鞋匠给自己做的鞋子一只是方头的，另一只是圆头的。"怎么会这样？"他感到纳闷。"等了你几天，你都拿不定主意，当然就由我这个做鞋的来决定啦。这是给你一个教训，不要让人家来替你做决定。"鞋匠回答。

里根后来回忆起这段往事时说："从那以后，我认识到一点：自己的事自己拿主意。如果自己遇事犹豫不决，就等于把决定权拱手让给了别人。一旦别人作出糟糕的决定，到时后悔的是自己。"

自己作出的决定，在姐姐看来更是一种能够担当的勇气，要敢为自己的决定和行为负起责任，有直面自己真实内心的勇气。

亲爱的你们，不妨自己多想想"我该怎么办""我要怎么做吧"！

敢于说出自己真实想法的元博姐姐

# 身体的不适来源于你的心里

Believe写来的信：

姐姐，我经常无缘无故的心里压着一股气，肚子里面总感觉有点儿痛，尤其是烦躁的时候，这股气就更加厉害，越是想让自己放松下来消除它，就越是觉得难受。

我是一名高二的学生，我觉得学习的压力挺大的。我也想让自己放松一点儿，想让自己从容应对，可是我却很难做到。我对好成绩的渴望太强烈了！

写给Believe：

会游泳的人都懂得这样一个常识：一旦溺水了，最好的获救方法不是拼命挣扎，也不是大声呼救，而是尽量心无杂念，什么都不要想，全身放松。只要放松，就能浮上来。

也就是说，人们并不是死于溺水，而是死于自己过于旺盛的求生欲望。越是在困境，焦躁而强烈的欲望越会成为你的负担，它会拉着你一步步向水区走去。

生活就是这样，太在乎赢了，往往就容易输；太在乎得了，往往失去就越多；太在乎财富了，财富往往就从身边溜走；对于我们所期待的成绩也是一样，太在乎它了，它反倒不会到达我们期许的目标。

对付压力，需要的是疏导和发泄，而不能简单地对抗。不是你强迫着自己放下就可以立马放下的。强迫放下的结果会使你感到更加紧张。

有很多小孩子，一上学就肚子疼，着急的爸爸妈妈带着他四处检查，也查不出病因。最后知道孩子其实不是肚子疼，而是因为肚子疼就可以不上学，所以他给自己的这种暗示就起到了作用，一上学就会在身体上表现出肚子疼的症状。

就像Believe你一样，因为心情的烦躁而觉得肚子里压着一股气。其实那口气不过就是压在你心里的一种坏情绪呀，因为你总是找不到排解的方式，所以它一直存在呢！

姐姐一般在心情烦躁的时候，或者情绪紧张的时候就会做几个深呼吸，把姐姐在瑜伽课堂上学习到的瑜伽呼吸术拿出来用一用。

如果没有练习过瑜伽，做几个深呼吸就好，每次烦心的时候，你试着闭上眼，让自己慢慢地深深地呼吸，想象着呼出的是内心的压力和浊气，吸入的是新鲜的空气，也许会慢慢找到让自己感到平静的节奏；或者想象自己坐在一片绿茵草地上，头顶是一望无际的蓝天，阳光轻轻暖暖地照在身上，你的身体完全舒展在这美丽的景致中……

如果你觉得这些方法都太柔和，那咱就直接采取破坏方式，把纸撕碎，把不用的杯子狠狠地摔到地上，或者干脆找个没人的地方使劲儿喊出心里的不痛快！

感觉有压力的时候，就选择自己最适合最舒服的方法发泄出来，无论如何都不能压在心里！

在心里告诉自己，I Believe！

用呼呼大睡来排解压力的元博姐姐

# 学习是我们生活的一部分

棒棒糖写来的信：

姐姐，我是一名高三的学生，学习的任务很繁重。现在学校不给我们开电脑课和体育课，并且不让我们参加学校组织的任何娱乐活动，整天就让我们学啊学啊的。我几乎都要崩溃了，也就对学校和老师越来越反感，认为他们的做法不合理。就想着，哼哼，你们越让我往东我偏偏往西，以致经常在心里这么和他们较劲。

我现在带着这种情绪去学习，发现这已经完全影响了我的学习效率，成绩自然也在下滑了。

写给甜甜的棒棒糖：

都快18岁的孩子了还要着看似叛逆的小性子。我们且先不说，学校把文娱体育的相关课程取消对不对，我们就来说说你这小心态。学校想让你把所有时间都用来学习；学校想霸占你们所有的娱乐时间，老师不是只想着自己的升学率嘛……可是，咱就是不想让他们的如意算盘得逞。咱就是不想好好学习，就是不想把所有的时间都用来学习，就是不能为他们提高升学率贡献自己的一份微薄之力……你心里想着，你们不就是想让我往东吗？对不起，我就偏要往西行。

结果怎么样呢，你的学习成绩如你所愿地下降了。是的，如你所愿！你所有的抵触情绪的结果就是让自己的成绩能降下来，以破坏人家学校和老师的如意算盘。

棒棒糖，姐姐想问问你，你把学习当做什么？你是把它当作和学校、老师较劲的工具，还是把你对待学习的态度当作自己个性张扬的表现？或者学习在你心里不过就是一个需要你去完成的任务，还带有着不得不的无奈？

其实，学习是什么？我也忽然在思考这个问题。我们从小学到初中，从初中到高中，我们中考、高考、考研究生，我们如果想出国还要去考托福、考GRE、考雅思……我们工作以后要取得怎样的执业资格，还要学习专业领域的知识，继续参加考试。

姐姐记得，很小的时候，常常听长辈们说一句话，活到老，学到老。小的时候，我一直不理解这句话，学习不就是学生要做的事情吗？哪有老爷爷老奶奶、叔叔伯伯背着书包上学呢？

长大后我才明白，学习和上学根本就是两个不同的概念。上学的时候，学习的确可以被视为任务来完成，因为那个时候我们是学生，学生的职责就是学习，学习也是学生时代的我们最最重要的生活组成部分。

而学习，它需要我们用一生的经历去完成，我们要学习生存，要学习在这个社会上给自己找到合适的位置，要学习养活自己的本领，要学习为自己的生活或者说人生做规划，要学习选择自己的事业；我们要学习与人交往，要学习爱别人，也懂得接受别人的爱；我们要学会宽容，要学习善待，要学会用感恩的心去对待这个世界……这一切也许到我们终老的一天，我们也不能完全学会。因为这一切需要我们用一生的经历去努力学习！

学习该是我们生活的一部分吧！

喜欢橙子味儿棒棒糖的元博姐姐

● 元博姐姐的马后炮：

提起学习的时候，我们总是会作出某一种姿态，给它戴上N个帽子，要好好学习，要静下心来学习，要勤奋学习，要带着问题去学习……其实，学习哪里需要这么多修饰语呢？如果我们把学习当作我们生活的一部分，把它看成和吃饭、睡觉一样平常的事情，我们就会以平常的心态来对待它，它自然就是我们生活的一部分！

# 一切都还来得及

农夫山泉写来的信：

姐姐，我在流着眼泪给你写这封信，我是个高二的女生。高一的时候我以为时间充足得很，不用一下子就那么努力地去学习，到了高二再努力就好。可是高二一年，我的学习状态并不好，我依旧散乱地生活着。转眼高二已经接近了尾声，我才发现自己已经被落在了后面。是不是一切都已经来不及了，是不是一切都晚了，我是不是就要这样葬送掉自己？

写给农夫山泉：

先允许姐姐稍微走一下神儿。“农夫山泉”——农妇、山泉、有点儿田，很是一种生活状态呢，可是你这个“农夫山泉”却纠结在自己的恐惧中不能自拔。是呀，6月这个承载着太多期望的季节，也带着太多的辛苦吧。你说明年的6月你将走上战场，可是此时的你心里却一点儿也没有底。你在高一的时候总以为时间还来得及，来得及，只要高二开始努力就好。可是转眼高二也临近尾声，你才发现自己已经被落在了后面。你说自己流着眼泪给姐姐写信。你问，是不是一切都晚了，自己是不是就这样葬送了自己。

看着你来信的姐姐，真希望你把苦水就这样一次倒给姐姐，希望你能一次哭个痛快。可是农夫山泉，你想过没有，你的生活并不是今天忽然变成了这个样子。你一直在散乱地生活，漫无目的也没有目标。如果你的心里一直装着一座灯塔，又怎会在茫然中迷失自己呢？

亲爱的，如果想哭的时候就尽情地哭吧，但是哭完，擦擦眼泪，告诉自己，一切都还来得及，因为今天可以视为你以后生活的起点，每天进步一点点，你会在不经意间遇见那个崭新的自己。

为你加油的元博姐姐

## 每天进步一点点

**佚　名**

那是高三的一段时间，因为感情方面的事，我的情绪一直很低沉，整天迷迷糊糊地上教室听课，迷迷糊糊地吃饭，迷迷糊糊地上床睡觉，日子仿佛被一团阴霾笼罩着，前方的路看不清弄不明，成绩一下子直线下降，从年级靠前下降到班里后十名，受到多位老师的批评，每次被批评后心里总觉得郁闷，于是开始破罐子破摔，频繁地迟到旷课。

那天早上，我又是睡到很晚才起床去教室，不巧正是班主任的课。我站在教室门口喊“报告”，班主任仿佛没听见，对我视若无睹，我就那样站着直到下课，然后他让我进来。我想他一定要问我为什么又迟到。我不想回答。我既不愿意撒谎找理由来搪塞老师，也不愿意让别人洞察我的内心，我要将自己封闭起来，直到像蚕一样在茧中窒息而亡。

然而，出乎意料的是，班主任竟面带微笑，很和蔼的样子，轻轻地对我说：“我们来做一道算术题吧！”

我迷惑地望着他，不知道他葫芦里究竟卖的什么药，只是呆呆地愣在那里，他问：“你这次月考总分多少？”

我这次月考总分实在难以启齿，而成绩对我来说已是无所谓。于是我把脑袋扭到一边，固执地望着窗外。

班主任还是那样和蔼地问：“如果我没记错的话，你这次月考的总分是380分。”他顿了一会儿说：“一年有365天，你想想，如果这一年里你每天进步0.5分的话，那么一年下来，你将进步多少分？如果真是这样的话，你再算算到明年高考，你的总分是多少？”起初我对他的话并没怎么在意，但是当我听到这些话的时候，我的心突然受到一种强烈的震撼。

班主任稍稍停了一会儿，然后语重心长地说：“你不要小看这0.5分，哪怕你每天进步0.5分，只0.5分，不求多。可是过一段时间这0.5分的累积却会产生质变，你可知道这质的飞跃对你来说将意味着什么？”

班主任把头扭向大家，接着说：“我们班中还有一些同学，看上去很低沉，我不知道你们在想什么，但我要告诉你们，所有的困难都是暂时的，任何时候都不要放弃，要知道努力永远不会太晚。人生最大的敌人不是别人而是你自己，而一个人一生最大的悲哀莫过于将自己束缚在一些细枝末节的问题上，辨不清前面的方向。”

班主任一席话让我麻木的神经开始复苏，我一下子明白了许多。之后的日子，我渐渐地调整好自己，每天早上第一个到教室，晚上又最后一个拖着疲惫的双腿回寝室，比起别人来，虽然很累、很苦，但是日子不再那样混沌，晚上睡觉的时候我会对自己说，今天我又进步了一点儿，于是第二天的情绪就一直高昂着，因为我知道前方既定的目标又清晰了一点儿。我重新找回了自信。一年后的高考，我取得了令人羡慕的好成绩。

如今，我已经大三，学习的同时在学校附近兼职一份家教。“每天进步一点点”，这句话已成为我的座右铭，它让我在静如止水的学习生活中拥有一种激情，一种向上的永不言弃的心态和斗志。我知道今生拥有这句话足矣。

# 倾听自己心灵的声音

●写在前面的话：

学文科还是学理科是我们在特定阶段都需要去面对的问题。在面对选择文理的时候很多人会考虑就业的形势，会因为某一个科目学得不好而逃避文科或者理科，会因为决定权早就在父母的手里而没得选择，会因为喜欢某一个老师而作出选择……姐姐想，无论是怎样的选择，我们最应该做的是聆听自己心灵的声音，而这份聆听又哪里仅仅适用于选择文科或者理科呢?

这是一封写给我的一位读者关于选择文科还是理科的信，希望它对正面临选择的你有所帮助。

写给面对选择的你：

又到了分文理科的时候，我知道的，每到这个时候，高一的你们就会很纠结，因为文或者理，你必须要选择一个。这个时候，即便你是个再贪心不过的人，你也仅仅只能有一个选择。

今年长春的冬天格外冷，那天，我为了取暖哆哆嗦嗦地在办公室里走来走去，你的电话匆匆打来。你说，姐姐，我们要分文理科了，你说我选文还是选理呢？

我没有等你把话说完，就开始了我的言论，我说，如果你不偏科，如果你不是因为逃避困难，如果是我，如果我有再选择一次的机会，我一定选理科！因为理科的路子要宽许多，你以后的选择也就多，甚至于，即便你现在选了理科，你发现自己不喜欢，考大学的时候你依然可以选一个偏文的专业。可是，如果学了文科，即便不喜欢，你也没得选择……我一口气说了很多，而你却在电话的另一边叹气。

如你所说，你想选文科，并不是因为你学不好理科，理科成绩很棒的你，仅仅是喜欢文科，喜欢文字，喜欢历史、政治……喜欢读书，喜欢思考问题。可是，你的爸爸妈妈、你的老师，都和我是一样的口气，一样的语调，摆出一副为你的人生和未来负责任的姿态，不容你有一点点的反驳，诉说着我们要你学理科的种种理由。

我们有太多时候是在做单项选择题，然而，我们却常常因为不知道正确答案、不够自信而犹豫不决，于是只好征求不同人的意见，因为我们想尽力选出完美的那个答案。

情况往往是，我们因为听了太多人的意见，而更加举棋不定，张三提出的意见我们觉得有道理，李四说的想法也正中我们的心思，王二麻子的分析似乎更切合实际……这样，你把所有人的意见中和在了一起，得出了一个最佳的方案，而此时，你还记得自己最初的想法吗？

亲爱的，姐姐没有什么更好的建议给你，只想和你说，面临选择的时候，请先静下心来，静静地听一听自己心底的声音，而这个声音恰恰来自你心灵的最深处。

对文科情有独钟的元博姐姐

●元博姐姐的马后炮：

文理分科是我们在特定阶段都需要去面对的问题，可是这个问题往往使我们很纠结，仿佛一生的命运就系于此了。姐姐当年也曾为此紧张过，走过后才发现，没有必要为此而患得患失，面临选择的时候，不妨静下心来，听一听自己心灵最深处的声音，毕竟兴趣是最好的老师！

# 不妨做一只聋蛤蟆

毛豆豆写来的信：

姐姐，你说做个好孩子有错吗？喜欢学习有错吗？为什么我安安静静，一个人在书桌上学习的时候，总会有些惹人讨厌的人凑过来说，哎呀，这么用功呀，至于吗？

是的，我从不避讳我喜欢学习，我想取得好成绩，考上好高中、好大学，以后有份好工作。我也承认，我不聪明，没什么天资，所以我很努力，努力学习，努力弥补自己的不足，想让自己变得更好。可是我真的不喜欢无聊人士们的无聊话语！

写给毛豆豆：

不喜欢无聊人士的那些无聊话语，那就让无聊人士的无聊话语见鬼去吧！姐姐特喜欢你写下的这几句话："是的，我从不避讳我喜欢学习，我想取得好成绩，考上好高中、好大学，以后有份好工作。我也承认，我不聪明，没什么天资，所以我很努力，努力学习，努力弥补自己的不足，想让自己变得更好。”

姐姐仿佛看到了一个忽闪着一双水灵灵大眼睛的女孩，坚定地诉说着对自己和未来的信心。

是的，我们不得不承认在这个世界上，有些人就是容不得别人好！他们总是用自己龌龊的内心世界在度量别人，以为自己的污秽可以沾染到别人的心灵！我们的确有时候会被坏情绪影响，变得不相信自己。可是，亲爱的，知道吗？其实他们的心里更难受，他们要用虚伪的笑容和不屑来假装强势，来假装掩饰自己内心对我们的恐惧和不安。

姐姐很喜欢一个小故事，想把它讲给你，也讲给那些被别人的言语搅乱了的、有些惶恐的心：

有几只蛤蟆不小心掉进了一口枯井，井口离地面很远，井壁又十分光滑，几只蛤蟆拼命地往上爬啊爬啊，可总是爬不多高就会再掉下来。也不知什么时候，井口突然出现了一群围观的蛤蟆，他们使劲地冲井里喊，别费劲了！你们根本就爬不上来！一群站在井口的青蛙更是一脸的幸灾乐祸，使劲地呐喊：“爬不上来！爬不上来！别费劲喽！”

井下的蛤蟆，在井口蛤蟆的呐喊声中纷纷地滑落井底！只有一只蛤蟆一直在努力地往上爬，虽然它爬到一定高度就会又滑落一段，可它一直没有放弃，一直努力地朝上爬！最后终于纵身一跃，跳到了井外。

井口处的蛤蟆诧异地看着它，大声朝它喊：“你没听见我们的话吗？说你们爬不上来的，可你为什么还是上来了？”那只跳出井外的蛤蟆，一脸困惑地说：“我是只聋蛤蟆，我一直以为你们是在井口为我们加油鼓劲儿呢！”

就让我们把别人的打击想当然地认为是对自己的摇旗助威吧！咱不妨就去做一只执着的聋蛤蟆！

有些小聪明的元博姐姐

# 自信和优秀是一对辩证关系

●写在前面的话：

F是我的一个邻家妹妹，从小学到初中，她一直是个成绩优异的学生。但是，因为在高手云集的重点高中，压力让她丢失了曾经自信的自己。

她和我说，姐姐，小学，初中，我的成绩一直名列前茅，我承认，过去的自己很自信是因为成绩好，现在成绩不好了，自信也跟着丢失了。但是我相信，等我成绩好起来的时候，那个自信的我又会回来的。

其实，那个自信的你一直都在，只是你不愿意相信自己罢了。

写给一直优秀着的F：

F，在我的眼里你一直是一个很好的孩子。从小你就是大人们眼里的乖孩子，懂事、听话、聪明、乖巧这些形容词一直围绕着你。你也承认自己的优秀，因为你可以做好每一件事，你总是会得到那么多的夸奖。

小学，初中，你的成绩一直名列前茅。你算不上漂亮，却是个让人视觉清新、心里舒服的小女子。你写得一手好文章，你一直是班级里的干部，你也因为外界的评价和被赋予的光环而以为自己本该优秀，也可以说优秀本来就属于你。

可是，你约我见面的那天，我问你，成绩还很好吧？你的眼神却有些黯淡，垂下双眸，说，不如从前了，现在的成绩算不得好。

我轻拍着你的头，小妮子，你的自信呢？你抬眼，眼睛里泛起了泪花，你说，过去的自信是因为成绩好，现在成绩不好了，哪还会有自信呢？接着，你又怕我不放心似的补充，等成绩好了，那个自信的自己就会回来的。

看着你眼里的笑意，我的心里却并不能得到你给我的安慰。我们先来好好回忆一下那个曾经优秀的你吧，因为所有的人都给你扣上了好孩子的帽子，所以你一直天真地以为自己天生就是个优秀的孩子，你带着这份自信一直努力学习并快乐地生活着。

后来，你上了高中，那所省属的重点高中，那里的每一个孩子，都如你般优秀，在那个优秀的群体中，你因为看到了太多太多优秀的人而渐渐丢失了自己。你发现有人文章比你写得好，在报纸和杂志上发豆腐块的大有人在不说，还有人出了书。本来英语口语不错的你，却在某些人流利的对话中，一时语塞……你所有的光芒都被覆盖了！

亲爱的，知道吗，你17年的自卑感一下子被激发了出来，火山喷发般汹涌，你已经不再是那个自信的你！可是我想告诉你的是，自信和优秀其实是一对辩证的关系，就像马克思主义哲学原理里的辩证关系，它们相辅相成，相互影响，相互制约。

而你一直是个优秀的孩子，这份优秀与生俱来，并不会因为比较而丧失，你要相信这一点！

一直欣赏你的元博姐姐

# 梦想是我们最不该丢弃的

小为写来的信：

姐姐，我是一名初中三年级的学生，是个学习成绩不怎么好的学生。可是我喜欢画画，而且我觉得自己在画画方面是有一定天分的。但是家里的条件不怎么好，每次爸爸妈妈给我交学美术的钱，我都会觉得自己是个不懂事的孩子。

但是，我真的喜欢画画，我想考美术学院。我不知道我的这些坚持会不会有好的结果，其实我的内心很纠结。

写给小为的信：

小为，其实姐姐从你的名字就能感受到你想小有一番作为的小心思。也许你会说，哦，我好像没想过呀？呵呵，但是你的心里真的有着这样的意识在滋生着哪！

我们先一起来说说梦想吧！梦想是什么？词典里说，梦想是深藏在人们内心深处的最强烈的需求和最深切的渴望。它能激发人们潜意识中的所有潜能，它是人类创造一切美好事物的原动力。乌托邦哲学把梦想作为自己研究和阐释的对象，寻找梦想中积极的因素。梦想还有两条心理学定律，即坚信定律：不管你坚信什么，都会变成真实的；期待定律：你的期望，特别是你期待的，会使你遇见达成目标的情形，只要你充满自信地期待着，事情一定会顺利进行的。

我们再说说，应该把梦想放在哪里吧！有两个年轻人住在40层楼的公寓里。有一天他们提着一包很重要的东西回家，不巧却碰上停电，用不了电梯。他们只好徒步爬楼梯上去。他们气喘吁吁地爬到20楼，实在有些累了，其中一个提议说："要不把包放在这里吧，我们先上去，等有了电再来拿。"于是他们放下包继续爬。

总算到了房间门口，却怎么也找不到钥匙。这时先前提议的那个人说："糟了，我把钥匙放包里了！"

梦想其实就是那串钥匙。当你觉得背负沉重想要放下时，实际上，那是你最不该丢弃的东西。

花儿的梦想是绽放，草儿的梦想是发芽，大树的梦想是向下扎根、向上生长……我们每个人的心里都承载着一个个绚丽的梦想，也正是因为这些梦想带给我们多姿多彩的人生！

姐姐相信，只要我们播种下梦想，并为它浇灌和期待它的成长，终究有一天会迎来丰硕的果实！

播种美丽梦想的元博姐姐

## ●元博姐姐的马后炮：

一个有梦想并愿为此追求一生的人，没有什么东西能阻挡他。

每个人赶路时，都有自己的梦想。

梦想的幻灭，是因为它没有得到精心的照料。

你有一个梦想，你就要保护它。

如果光有伟大的梦想而不付诸行动，伟大的事业也只是空洞的梦语。

梦是用头脑做的，更是用脚去做的。"用脚做梦"，是把梦想变成现实的重要原则。

即使一个人在处于困境的时候，也可以靠着梦想坚持下去。

梦想给予人生的意义在于，无论什么情况，都要始终记得心中的梦想！

# 有一种处理问题的方式叫“绕过去”

闷热夏天写来的信：

姐姐，我要怎么说出口，其实，我算是个各方面都不错的女生，成绩好，口才好，家里的经济条件也挺好。一直以来，我都是大家羡慕或者嫉妒的对象。当同学们对我在新年晚会上自然清新的主持风格啧啧称赞的时候，我开始骄傲了。慢慢地，骄傲就住进了我的心。

可是，姐姐，我知道骄傲不是一件好事，所以我一直想要把它从自己的心里踢出去。我总是告诉自己不能骄傲，不能骄傲，可我发现自己根本没有办法拒绝它在我心里的滋长！

写给闷热夏天的信：

闷热的夏天真是让人难受，闷热夏天的心里也不好受，是吧？

“谦虚使人进步，骄傲使人落后”是毛主席的教诲，所以我们就有了这样的思维定式，骄傲可不是好事，你骄傲了，那你就是拒绝进步？

你的80后姐姐——我，小的时候深受此话的鞭策呢！如果90后的你还在这儿冲这句话点头哈腰，那你是不是就太out啦！恃才傲物，既然有才就可以骄傲啊！

悉数一下，咱成绩好，口才好，长得漂亮，上得了厅堂，也下得了厨房，简直就是新时代优秀女生的典范啊。那咱为啥不骄傲呢？咱为啥就不能挺直了腰杆儿，对向我们投来无限仰慕之情的小男生眼皮上翻呢？咱拥有这骄傲的资本，怎么就不能允许自己骄傲一下下呢？为什么非要绕着骄傲这个名字转圈圈呢？心里纠结着问自己，我要骄傲？不，不，不行，还是不要！……

姐姐把扯远的话，拉回来，我们举个例子来说。

比如你正往前走，而你的面前有一堵墙。于是你停下来，想到了两种方案：一、你可以找来一把锤子，将这面墙砸开；二、你可以叫来一辆推土机，将这面墙推倒。当然，这都可以作为拆墙的方式，无论是被砸开还是被推倒，结果都没有差别。可是当墙被砸开或被推倒的时候，你是不是要想一想，自己为什么要拆这堵墙呢？怎么就和这墙较上劲了呢？

你的目的并不在这堵墙啊，你是在着急赶路啊。

如果只为赶路，那么你完全可以绕开这堵墙。墙不会移动，不会时刻跟着你，只要你绕开它，很快它就会被你甩在身后。你会发现，对于墙，你给它让路，它马上还你一条路。

有时候我们被一些困难折磨，我们无力解决，身心疲惫，那为什么不试着绕开它？绕开它，困难就不存在了，它就被远远地甩在身后；而它还给你的，仍是一条路。

有些困难，它就是可以绕开的。生活中应该学会让路，应该学会给一堵墙让路。

姐姐想说的是，骄傲就骄傲了，咱骄傲了，那咱就骄傲地活着，将骄傲进行到底！

其实有些小自卑的元博姐姐

# 生活课

## 我是个快乐的女生

由于总是担心孩子学坏，或是被人伤害，于是希望孩子能够生活在真空中，这可能是很多家长共同的想法。可是家长往往会忘记孩子早晚要进入到社会这一事实，而忽略了培养孩子从真空中走出后如何适应环境和抵御各种诱惑的能力，使孩子心理年龄的成长滞后于生理年龄的成长，并在与人交往和适应环境的能力上有所欠缺。孩子遇到的问题并不单一，所以家长要陪孩子一起找到解决问题的办法。

### 与别人格格不入的不止你一个

写在前面的话：

感觉自己不能很好地融入自己所在的集体或者小群体中，这是很多孩子的烦恼。这个烦恼并不局限于女孩子，男孩子也是一样的。我们从小就生活在群体中，因此也就一直在寻找自己在群体中的定位，希望自己能在这个生活的圈子里得到别人的认可和赞美，希望自己拥有朋友，渴望得到关爱和帮助。

事实却是很多孩子因为种种原因不能很好地融入群体当中去，或者自己努力地融入却往往得不到别人的接纳。

痛苦的兰花写来的信：

姐姐，我是一名高中的女生，长得不好看，在学校总是受到同学的歧视，大多数同学都不愿意和我玩。因为我长得不好看，所以他们就给我取了个外号叫“大美”，叫得我心里好难受。为什么我就得不到大家的认可？

写给小兰花的信：

兰花，姐姐不知道你是否看过一部名叫《马兰花》的电影。电影讲述的是关于爱与善良、坚强与勇敢的故事。姐姐希望，兰花以后就叫马兰花吧，像马兰花一样具有坚强和勇敢的品格。

姐姐在字里行间感受得到，你是个心地善良、渴望得到友谊的孩子。可是，花花，爱美之心人皆有之，你的同学也是一样的，他们喜欢漂亮的女孩子，更愿意接纳长得好看的同学，这并没有错。只是，他们不懂得尊重你。而姐姐也想问你，你有努力过让他们尊重你吗？既然他们的歧视和让人不爽的玩笑伤害到你，那么，下一次，当这种情况发生时，请你站起来，严肃地告诉他们你心里的不爽，拒绝他们无聊的玩笑。

其实，我们每个人对于美和丑都有着自己的理解。在姐姐看来，美和丑并不是我们身体不可分割的一部分，它们不过就是我们的一件外衣，是我们的身外之物，等同于我们手里的一支笔或者一本书，而别人对于我们手里的笔和书的评价对于我们会有多大的影响呢？

美，不过是一种时尚、一场风雨，美丽的外表和一朵鲜花无异，都有从开放到凋落的过程。我们不美，反倒比美丽的人多了几分平和，因为从来就不曾获得美，也就没有获得过因为美丽带来的浮华，而我们也正因此获得更多的孤独。

孤独往往是一种难得的幸福，因为我们可以安静地去思考自己，去看清别人，不会因为被纷繁的赞许或迎合而迷失自己。

真正智慧的人不会带着“美女”或“帅哥”的标准去寻找友谊，友谊追求的是互相支持、互相关爱，只要你真诚、自信，友谊一定会陪伴在你左右。

同你一样会内心孤独的元博姐姐

## ●元博姐姐的马后炮：

与别人格格不入应该是大多数人都会有过的境遇，这并不是某个谁的单一的烦恼。而当我们感觉到与周围大多数人都格格不入时，首先想一想：是我不接纳别人还是别人不接纳我？

对于这样的困境，我们把它叫做人际沟通系统的障碍，而导致人际沟通系统出现问题的原因就个体来说不外乎两点：自卑与自恋。让我们不开心的原因应该就是自卑了吧。

自卑是一种预期性恐惧心理，其浅层感受是觉得别人看不起自己，深层感受则是自己看不起自己，极度缺乏自信。自卑的人往往不能客观地认识自己，因而对别人产生了一种防范心理，继而出现回避退缩的行为。过度的自卑又往往会走向另一极端——自恋。无论自卑还是自恋，其结果都是把自己封闭在自我的小圈子里或自怨自艾或自我陶醉，关闭起同别人沟通的大门，同时也迷失了自己。

著名心理学家詹姆士曾经说过：“人们可以通过改变自己的内心世界来改变他们的外部世界。”尝试着以开放的心态去对待生活，调整自我价值认知系统，客观理智地评价自己，积极投入你所处身的环境，相信生活是一面“你对它笑，它也对你笑”的镜子——你终将会摆脱孤独的影子。

# 委曲求全没有用

● 写在前面的话：

你会不会遇到这样的朋友，她总是对你发脾气，冲你发号施令，却不允许你对她有任何反抗。在你们的关系中，一直处于一种不平衡的状态，你在一味地付出，而她在一味地索取。当某一天，你发泄出对她的不满时，她却对你反目成仇，好像根本不记得你曾对她的种种的好。而当你努力想挽回你们的友谊时，她却坚定地告诉你，你们的关系回不到从前了。

小新的来信：

我不知道我是怎么和我现在的好朋友在一起的。因为在今天看来，我真的很难找到她的优点。她总是对我无缘无故地发脾气。她和她的同桌闹了别扭，也拿我来出气。我一直很珍惜我们的友谊，所以每次即便错在她，也是我主动和好，赔礼道歉。但是，我现在累了，我不想再这样迁就她了。

写给小新，和小新们：

姐姐在想，是什么让你这般委曲求全来维系这段友谊呢？你的那个所谓的好朋友总是对你乱发脾气，对你指手画脚，并且当她的无理取闹遭到拒绝和反抗时，她又会立刻对你大发雷霆，甚至会动不动就绝尘而去，留你一个人在原地黯然神伤。只要你不主动找她，她就不会表现出要和你主动和好的意思。每次都是你尽力在挽回你们的友谊。你总是和自己说，原谅她吧，毕竟我们是这么久的朋友了，她也是有优点的嘛，她虽然愿意发脾气，但是人品并不坏呀。

可是小新，和与小新遭遇到同样朋友的小新们，你们为了维护这样的友谊承受了那么多委屈，你们是甘愿付出的吗？如果你们是心甘情愿的受虐狂，那么，没有任何问题。俗话说，有钱难买我乐意嘛。但是，如果你在这段友谊的存续中总是感到委屈和无助，总是在一味地迁就和容忍，总是不能快乐起来，那你是否就要考虑放弃这段友谊了呢？

同时你是否更应该反思一下自己对待好朋友的方式呢？真正的好朋友应该是委屈自己，迎合对方吗？难道一味地迁就就是你维系友谊的唯一手段吗？

是否正是你的姑息、迁就，才让她的坏脾气不断增长。她也是有优点的呀，她的人品并不坏，如果你这么说是为了显示自己的善良和宽容，那么你就大错特错了。

如果友谊的维系需要你以牺牲自我为代价，那姐姐可以很负责地告诉你，放弃是你最好的选择，委曲求全没有用！

讨厌对别人发号施令的元博姐姐

### ●元博姐姐的马后炮：

很多时候，不放弃一段没有营养的友谊，并不是我们害怕失去这个朋友，而是因为我们害怕孤独。在我们看来，即便她是一个不称职的朋友，可她最起码还是自己的一个伴儿，不至于让自己看起来孤零零的。我们往往不确定失去她以后要忍耐多久的孤独，而事实上，我们总是比自己想象中强大得多呢！

# 允许最好的朋友憎恨自己

群群的来信：

我最好的朋友已经很久没有理我了，她甚至不愿意多看我一眼，即使我们走在对面，她也能很自然地把目光移向别处。我一直不知道她不理我的原因，每次我想找她好好谈谈的时候，她都冷漠地转身离开。后来，另外的朋友告诉我说，她不理我的原因是，最近的一次月考班里只有两个人数学及格，其中一个是我，而考完试以后，我却和大家说考得不好，所以她觉得我是个虚伪的人……我不知道要怎样和她解释，发成绩那天，她一个人跑到操场上哭，我站在她身边却一句话都说不出来……

写给群群：

要怎样面对自己最好朋友的怨恨呢？姐姐在想，对于这件事你们两个人究竟错在谁的身上？你的数学在仅有两人及格的情况下及格了，你却曾说自己考得不好。所以，在你的好朋友看来你就是一个虚伪的骗子。

姐姐不知道在你们看来数学及格算是多好的一个成绩，因为及格的分数应该只是最基本的考核要求吧。当然，如果在题目偏难的情况下，如果很少能有人考及格，那么及格就是一个相当不错的分数。如果你是一个对自己要求高的人，即便感觉自己能达到及格，说自己感觉考得不好也同样无可厚非。

我们假设，如果换作另外一个人，小三，或者小四，和你的好朋友没有什么交情，也同样在考完试后说感觉自己考得不好，最终却取得了不错的成绩，我想你的好朋友一定不会有这么强烈的反应的。而她对你如此怨恨和耿耿于怀的原因仅仅是因为你是她最好的朋友。

你和姐姐说，好朋友一个人跑到操场上哭泣的时候，你静静地站在她的身边不知道要说些什么，几次你都想和她说，没关系的，还有下一次，一个月考不算什么，可最终你却无法开口。只是选择默默地陪在她的身边，看着她流泪，你的眼泪也掉下来了。

群群，即使你的好朋友认为你虚伪，认为你曾心情低落地诉说过自己对数学成绩的担忧，认为你那不过是假惺惺的表现，姐姐依然站在你这边。

因为我们可以对自己不确定，我们可以对自己没把握的事不妄下结论，我们要允许自己对自己有更高的要求。

同时，我们也要允许自己的好朋友怨恨自己。因为我们同样也会有怨恨自己最好朋友的时候，不是吗？

认为朋友就要以诚相待的元博姐姐

## ●元博姐姐的马后炮：

被我们的好朋友嫉妒和嫉妒我们的好朋友，并不是仅仅只有某个谁才能遇到的事。这是人之常情，我们何苦为它消得人憔悴呢。那生出的嫉妒或者怨恨不过是某个特定的时间或事件才将其诱发的，如果最好的朋友之间不是互相欣赏或是时时鼓励，不是互相帮助或是时时关怀，而是相互拆台相互中伤，那么这本来就不能把它称为友情，又何苦把对方称为朋友呢？如果怀着诋毁和厌恶的心情看待自己的朋友，那我们对朋友的定义会不会显得畸形了？

# 集体中总有一个位置是为你预留的

姗姗的来信：

我是个性格内向的孩子，从小爸爸妈妈就给我定了许多规矩，我谨小慎微地生活在一个人的世界中，没有朋友，没有爱好，陪伴我的只有书本。虽然我以较高的分数考上了我们市里最好的高中，可是在新的环境中我却不能融入同学中。如果说以前的我还因为学习成绩好在班级里有一席之地的话，在新的集体中，我根本就找不到自己的位置。

写给我亲爱的妹妹：

我们是不是可以这样定义你的生活，由于爸爸妈妈对你的严格管教，从小你就常常是一个人，因为寂寞和孤单只能与书本为伴，好在爱读书的你没有辜负自己所付出的努力而考取了市里最好的高中。在强手如林的班级里，好的学习成绩却不再是你独有的标志，它变成了这个班里所有孩子的共性，所以，在新的集体中你找不到自己的位置。

姐姐在想，你会不会抱怨爸爸妈妈呢？因为他们从小对你的管教，让你丧失了很多与人交往的能力。姗姗，我们不否认爸爸妈妈在对待你的教育问题上是存在问题的，可是我们先不把你的麻烦归因到父母身上，而是要来分析一下你的具体情况。

你感觉到自己与集体氛围不和谐，你希望改变自己，能融入集体当中去或者说你想找到自己的位置。可以感受到，你正带着欣赏的目光看待周围的人与事，你看到的是同学身上的闪光点。

或许事实真的如你所说，你在许多方面的阅历不如同学，但不要忘记你是个爱读书的孩子。喜欢阅读的人，应该也善于思考，看待问题也会有自己的见解，那么在适当的场合表达你的观点，多与同学交流，也会是你走近同学的机会。

姐姐还清楚地记得高中班主任老师说过的话，她说，我们所在的班级就是一个由多米诺骨牌组成的金字塔形建筑，每个人在里面都有自己的位置，每个人也都要努力找准自己的位置，因为这个金字塔少了哪一张牌都会坍塌，而我们每个人都有自己在集体中不可缺少的角色。

姐姐给你的建议是，在学习上切实可行地选准优势学科，花大力气给予大的发展，使它们成为你真正的强项，在这科上使自己成为班里的尖子人物，先树立起自信；同时要不断充实自己，向同学先迈出你的第一步！也许他们一直在等待你走入其中，也苦于没有机会呢！

记住，集体中总有一个位置是为你预留的，所以你要努力找到它。

喜欢换位置的元博姐姐

### ●元博姐姐的马后炮：

由于总是担心孩子学坏，或是被人伤害，于是希望孩子能够生活在真空中，这可能是很多家长共同的想法。可是家长往往会忘记孩子早晚要进入到社会这一事实，而忽略了培养孩子从真空中走出后如何适应环境和抵御各种诱惑的能力，使孩子心理年龄的成长滞后于生理年龄的成长，并在与人交往和适应环境的能力上有所欠缺。

孩子遇到的问题并不单一，所以家长要陪孩子一起找到解决问题的办法。

# 朋友是另一个自己

小群的来信：

姐姐，我是一只丑小鸭，但是我却生活在一群白天鹅中，我的朋友们有的漂亮，有的活泼，有的学习成绩特别好，还有的在文艺或者体育方面有特长……

我的一个好朋友，不仅人长得漂亮而且钢琴弹得特别棒。可是，她们身上的优点我一个都没有：长相平平，成绩平平。我最大的爱好就是喜欢一个人胡思乱想，对着天空发呆。我真的想不明白，我怎么会和优秀的人成为朋友呢？而她们为什么愿意接纳我呢？其实，和她们在一起，我很自卑的呀。

写给小群：

你说，你觉得自己处处都不如身边的朋友们。她们有的漂亮，有的活泼，有的成绩好，有的会弹钢琴，有的会打扮……你仔细想了想自己，发现她们身上的优点你一样都没有。你不漂亮，而且性格也不活泼，有时候只喜欢一个人安静地待着，傻傻地望着天空发呆，你的学习成绩也不怎么样，在班级里只是个中等偏上的水平，而且你这个人没有什么特长：音乐方面没天赋，体育方面也没长项……

于是和朋友在一起的时候，你总是在想为什么她们这么优秀的人会选择和你做朋友呢？

我亲爱的妹妹，姐姐在收到你的来信的时候，刚刚和一个好朋友通完电话。姐姐开始回忆我们两个人为什么会成为朋友。她是一个身材高挑儿、说话温和、待人友善的女孩儿。她上高中的时候一直保持在班级里的前三名，她的文章总是在杂志上发表，她的小提琴是业余10级。可是，姐姐上高中那会儿，却和你一样，方方面面都很平常，每天都是低着头走路，实在找不出自己身上的任何闪光点。

但是，在一次作文比赛中，我们两个人写出的文章几乎一模一样，那是一次现场作文，大家都是独立完成的，但是我们两个人作文的行文、句式，包括用词都很相像，如果不仔细看，一定会被认为是同一个人写的。老师在找我们询问情况的时候，我们两个人也都很吃惊……好在老师并没有因为我的成绩不如她而认为我是抄袭。

后来，通过这次作文事件，我们经常在一起聊天，她说自己从3岁开始就在爸爸的陪伴下学习小提琴，因为爸爸爱好文学，她也从很小的时候就开始阅读各种书籍……

她的成长经历实在是让我羡慕。于是，她成了我的偶像，我在她的推荐下阅读书籍，在她的鼓励下开始给杂志投稿。我遇到烦恼会找她倾诉，她也很乐意帮助我。她因为从小受过良好的家庭教育和大量的阅读积累，要比我成熟和眼界开阔，所以我遇到麻烦或有想不明白的问题她总能帮我解决，她说她很愿意把自己成长的心得同我分享，帮助我的过程，就是她在帮助过去的自己。

毕业以后的多年里，虽然我们不在同一座城市，但是我们一直保持联络，在生活和工作上她一样会遇到问题和麻烦，有的时候她会打电话给我，学过一些心理学知识的我总会一下子就说中她的心。现在的我也会把自己喜欢阅读的书推荐给她。

亲爱的，姐姐曾经采访过的一个青春文学作家也和姐姐讨论过如你一样的问题，她说她在国外留学的时候，班上一共有7个女孩子，她总是会说6个仙女和她怎样怎样。因为在她的眼里，那6个女孩不仅漂亮、大方、待人友善，而且成绩都很棒，6个女孩子都来自国内顶尖的大学。那6个女孩则会把她拉到一起说，我们是七仙女，而你是我们中唯一出过书的呢！

姐姐在想，你是不是同那个青春文学作家一样，只看到了别人的优点，却忽略了自己身上真正的闪光点呢。你是否想过，她们选择和你成为朋友是因为你的身上存在着可以吸引她们的美德，不妨去和她们进行一次敞开心扉的交谈，听听她们的说法。也许她们会告诉你，你的单纯、善良，你的友善……或者你更多的优点，是真正吸引着她们的。

抑或，和优秀的人成为朋友是因为你们彼此需要，我们需要被给养，而我们的好朋友又刚好有养分可以给予我们。

在我看来，或许根本没有那么多我们假设的原因吧。朋友只是一种心灵的相通，我们在成长的过程中，需要朋友，并不是因为我们需要抵制寂寞，重要的是因为我们的成长需要有另外一个自己的陪伴。

喜欢和优秀的人交朋友的元博姐姐

# 沟通，是需要学习的艺术

●写在前面的话：

很多孩子在和自己的朋友闹了别扭以后谁都不愿意先迈出第一步，都不愿意做主动要求和好的那一个，以为这是丢份儿或掉价的行为，都等待对方的求和。事实上，能主动进行沟通的人更具有与人交流和沟通的能力。

君茹的来信：

我有一个每天一起上学、一起放学的好朋友，可是最近几天，她无缘无故地不和我一起走了，而是和另外一个同学在一起，我们是从小一起长大的好朋友，上学、放学一起走，已经成为一种习惯，她突然的行为让我很不理解，也很伤心。

写给胆小鬼君茹：

没错，我叫你胆小鬼！你不用东张西望，或者莫名其妙。胆小鬼，叫的就是你！

我们很多人都曾经或者正在拥有着这样一位朋友，她是我们多年的伙伴，我们经常搭伴，我们会把每天的等待和约定当成一种习惯。下雨的时候，即使我们人手一把雨伞，也愿意挤在一把伞下，然后一人淋湿一半；迟到的时候，我们会互相牵着手奔跑，一个人跑不动，另一个人会拖着她奔跑也不放手；即使两人中的一方是个喜欢赖床的懒虫，总是在约定的时间到来的时候还没吃完早饭，可是抓着一袋牛奶跑出来的时候，那个等待的人也只是假装发怒说，如果你再迟到就不等你啦，却依然会在第二天等在约定的路口……

可是这个人，这个和我们一同把对方的存在当成习惯的人，为何会突然对我们180°大转弯？究竟发生了什么事情呢？我们纠结和猜测着，我们小心翼翼地揣度着……依旧想不出一个答案！

胆小鬼君茹，也包括和君茹一样纠结着的胆小鬼们，别想啦！想破脑袋也想不出答案的！不过姐姐却可以公布叫你“胆小鬼”的答案！在面对自己伙伴的突然冷淡时，你胆小到不能主动地去询问一个答案，胆小到她和别人走在一起的时候你不能跑上去依然牵起她的手……

我可以理解你的担心和害怕，你怕主动搭讪得到的只是冷漠回应，你怕你去牵她手的时候，她却一把抓起那个她跑开了……

自然地走近，真心地交流，让你的伙伴感受到你的真心和诚意，让她知道她已经是你生活中的习惯，她忽然的冷漠让你感到难过，你需要一个真诚的答案。即使这一切只是你的不确定和敏感的猜疑，也要让她感受到你对朋友的珍惜。

至于如何去进行沟通，怎样进行有效的交流，那就要看你的能力了。沟通，是需要学习的艺术，考验你的行为和语言艺术的时候到了哦。

不能手把手教给你技巧的元博姐姐

●小贴士

**沟通应该掌握的技巧**

1.态度真诚，让对方知道你想听取他的意见；

2.虚心听对方表达见解，而不是抓住对方的毛病不放；

3.平心静气，使沟通在一种亲切友好的氛围中进行；

4.及时表达自己的见解，使双方在相互理解的基础上达成一致；

5.尽量避免争论及指责他人。

●元博姐姐的马后炮：

与人沟通和交流是一门我们需要用一生去学习的艺术和技巧。真诚、宽容、善待他人只是我们与人交往的最基本原则，我们在具体的人和事上要有不同的方式和方法，而这些方式和方法没有人能手把手地交给你。就像我们没法回答在微笑对待他人时需要查好自己露出几颗牙最具有亲和力这样的问题一样，它需要我们自己的判断及不断地积累和提升，是需要我们逐步积累起来的能力。

# 倒霉的时候，需要一点娱乐精神

●写在前面的话：

我们也许都有过这样的经历，倒霉事儿像胶皮糖一样粘上了我们，一件接着一件的发生。我们越是生气自己交霉运，就越是遇到不顺心的事。

涓涓的来信：

我最近真的是倒霉透顶。早晨起床晚了，没来得及吃早饭就出了家门，结果还是没赶上学校的班车。跑到公交站点一看，因为修路的原因公交车临时换了线路。打出租车吧，发现走得着急，钱包落在了家里……回家取钱包，还被爸爸妈妈臭骂了一顿。到学校被值周的同学记了名，还被政教处主任逮了个正着！

亲爱的涓涓：

原谅姐姐看到你的描述后一下子走了神儿。姐姐的脑海里满是一个头发还没有梳好的小姑娘，一手抓着书包，一手抓着校服慌张地跑进学校大门，正想溜进教学楼的时候却和政教处主任撞了个满怀的情景……

其实，这种喝凉水都塞牙的倒霉事，我们谁都碰见过的。比你倒霉的更是大有人在呢。曾经有这样一幕场景，一个女孩骑车上学的时候忽然感到什么东西砸在了头上，伸手一摸，居然是鸟屎！正被恶心得不得了的时候，却一头撞到了对面的树上！这幕场景真实地发生在姐姐认识的一个女孩身上，只是她没有当成倒霉事儿讲给姐姐听，而是用“天使（屎）降临”自嘲，和姐姐分享了她这个倒霉蛋的快乐！

倒霉事儿是我们常会遭遇的，要不怎么说人生不如意十之八九呢？这意思就是说，人啊，不如意的事要在一生中占上八九成。这听起来是挺可怕的，可为什么我们反倒是感到快乐和幸福的时候多呢？因为我们更愿意把注意力放在可以体验愉快的事情上面。

想象一下，我们有的时候忽然变成了一个倒霉蛋，下雨天出门被溅了一身的泥点子，晴天出门被鸟屎砸到头上，考试的时候笔突然坏掉了，最喜欢吃的菜一筷子夹下去放到嘴里却正好赶上盐没化开而吃到了一大口盐巴……如果我们把这些都想象成一幅幅的四格漫画，画在本子上或者存在脑袋里，偶尔翻出来调剂一下枯燥乏味的生活，那咱这娱乐精神虽然娱乐不了大众，但不是绝对可以娱乐自己吗？

喜欢编故事的元博姐姐

●元博姐姐的马后炮：

有句话怎么说来着，生活就是一面镜子，你对着它哭，它就哭；你对着它笑，它就笑。认为自己倒霉的人，往往是因为给了自己消极的心理暗示，认为自己就是个倒霉蛋，才会觉得生活处处和自己过不去，也因此会一直处在情绪的低谷。如果遇到不顺心的时候，我们能转化角度，把每一天的生活都当成是寻找快乐的旅程，把注意力放在给自己找点儿乐子上，渐渐地你会发现，那些让你郁闷地烦恼早被抛到九霄云外啦！

# 一说话就脸红的女孩儿，很可爱

丫蛋写来的信：

我是一名初中一年级的女生，我发现自己有一个很不好的毛病，我一说话脸就红，从脸一直红到脖子。老师上课提问到我，我回答问题的时候脸红；不太熟悉的同学和我打招呼，我脸红；连后桌的男生向我借支笔，我转过头去也脸红，结果旁边的人一阵哄笑，囧死我了。

写给“鸭蛋”的信：

丫蛋，姐姐忽然有一个特定称谓送给你，想叫你“红皮鸭蛋”呢。

说话就脸红这种事，真的不是什么特殊案例或者是特殊状况。恐怕没有任何一个人敢说自己从来没有脸红过吧，而且一个女孩子，还没等开口说话脸就先红了，是很可爱的呀。那种面若桃花的红润应该把女孩子显得更美丽呢。

想想看，自己刚刚升入初中，上了初中的你理所当然地把自己当成了一个大姑娘，你的个子长高了，身体发育也已经把你少女的美妙身姿和娇嫩的面容展现了出来。让你对自己的外在形象开始强烈地关注，总是想把自己美好的一面展现出来，所以才会在上课被提问的时候脸红，在有不熟悉的同学搭讪的时候脸红，甚至在后桌借笔的时候也脸红。

把自己最完美的一面展现出来，是每个女孩子都会有的目标，无论是公主范儿的女生，还是灰姑娘版的女生，或者是个看起来有些假小子的女生……展现出自己最美的一面，是每个女孩子的期望并为之努力的目标。

也正是因为女孩子们多多少少都有些完美主义的小情结，也就会过分重视自己在别人面前的表现，自然就会精神紧张而脸红心跳或者是冒冷汗了呀。

试想一下，一个十几岁的女孩子在一个陌生的环境里可以和任何人自如地交谈，可以面不改色心不跳地应对每一个人，或者是另一种，本该羞羞答答的小女生却根本不注意自己的形象而大大咧咧地插科打诨，我想大家会更容易接受你这个说话的时候脸从微微泛红到变成红彤彤的"鸭蛋"甚至声音有些发颤的女孩子吧。

一说话就脸红的女孩，真的很可爱呢。

喜欢大声说话的元博姐姐

●元博姐姐的马后炮：

其实说话脸红，或者是声音颤抖，又或者面部的某个位置不停地抽搐，这都是精神紧张造成的。逐渐适应环境，多参加集体和社团活动，多与人交流，不去过度在意这个发生在所有人身上的普遍现象，忽然有一天，你会发现，自己在众人面前说话或与陌生人打交道，不再感到紧张、恐惧了。

克服脸红的五步训练法：

第一步：把能引起你脸红的各种场面，按由轻到重的程度依次列成表，分别抄到不同的卡片上，把最不令你脸红的场面放在最前面，把最令你脸红的放在最后面，卡片按顺序依次排列好。

第二步：进行松弛训练。方法为坐在一个舒服的椅子上，有规律地深呼吸，让全身放松。进入松弛状态后，拿出上述系列卡片的第一张，想象上面的情景，想象得越逼真、越鲜明越好。

第三步：如果你觉得有点不安和脸红，就停下来不再想象，做深呼吸使自己再度松弛下来。完全松弛后，重新想象刚才失败的情景。若不安和脸红再次发生，就停止想象，继续放松，如此反复，直至卡片上的情景不再使你不安和脸红为止。

第四步：按同样方法继续下一个更使你不安和脸红的场面（下一张卡片）。注意，要以你在想象上一张卡片的情景时不再感到不安和脸红为标准，否则，不得进入下一个阶段。

第五步：当你想象最令你不安和脸红的场面也不感到脸红时，便可再按由轻至重的顺序进行现场训练，若在现场出现不安和脸红，亦同样让自己做深呼吸放松来对抗，直至不再脸红为止，才能进入下一步的训练。

# 爱好的真正意义

糖糖写来的信：

姐姐，我是一个很喜欢写作的16岁女生，从小我就喜欢看书和写字。小学的时候，我的作文经常被老师当作范文，在一些作文大赛上，我也获得过奖项。上了中学以后，虽然课程很忙，但我还是经常抽时间写文章，给杂志投稿，可是两年来我给杂志的投稿却一篇都没有被发表。有的同学笑话我，说我投稿就是想出风头，说我是不自量力。

给糖糖的回信：

喜欢写作的人，都会有这样的体会，当笔端在纸上飞扬时，内心的一切情感都得到了宣泄，那种畅快真是一种享受呢。糖糖，怎么和你说呢，你投稿的作品没有被采纳，并不能证明你的文字不好，没有被采纳的原因可能是它不符合刊物所需稿件的要求，因为任何一本杂志都有它自己的风格，也就有它采纳稿件的标准。给某一本杂志投稿子，不仅文笔要优美，还要找准那本杂志的用稿风格。如果写作、投稿、等待消息成为你的负担，还给你增添了不必要的麻烦，那这份爱好本该具有的意义就丧失了呀。

姐姐给你的建议是，充分利用你的博客和QQ空间或者微博，当然如果你用电脑不方便的话，就准备一个属于自己的本子，有灵感时就记录下来，把自己想写的话，想写的故事随时记录在上面，比如此时你内心的烦闷就可以宣泄于其中啊！把爱好当作生活的调剂和减压的方式，这才是爱好存在的价值。

一个和你同样大的女生倪子在她16岁生日的时候给姐姐写了这样一封信，她说：姐姐，我想我是一个幸福的孩子，虽然我很平凡。我喜欢音乐，喜欢唱歌，可是上帝却没有给我一副好嗓子，我不能像很多拥有音乐梦想的人那样站在镁光灯闪烁的舞台上展示自己。但是我却可以跟着MP3的歌曲轻声哼唱，静静地聆听着那些简单的音符，交织出幽幽的情愫，那时，我就很幸福。即便不能拥有整个舞台又怎么样呢？那些单纯美好的曲调总能使我仿佛置身于清澈明远的境界中，让我的心灵感到愉悦，这就足够了。

姐姐在想，倪子的这份感怀就应该是爱好的真正意义吧！这个喜欢做的事是我们生活的一部分，是我们的一种习惯，它可以带给我们轻松和欢愉，当我们和它相伴的时候可以让自己体会到幸福的心境，就如同猫爱吃鱼、狗爱吃肉、奥特曼爱打小怪兽。

喜欢睡觉睡到自然醒的元博姐姐

●元博姐姐的马后炮：

这个喜欢做的事是我们生活的一部分，是我们的一种习惯，它可以带给我们轻松和欢愉，当我们和它相伴的时候可以让自己体会到幸福的心境。

# 用你的能力，改变家庭关系

●写在前面的话：

生活在一个三口之家，应该是现在大多数孩子所在家庭的基本状况。可是，这个三口之家往往还包含在爷爷奶奶的大家庭中、外公外婆的大家庭中，因此和自己的伯伯、叔叔、婶婶、姑妈、姨妈之间还有着一层又一层的关系。大家庭的成员越多，关系有的时候越是复杂，对我们自己的生活也就产生着影响。

安拉写来的信：

姐姐，我是个17岁的女生，我生活在一个大家庭中，同时也是没有爱和温暖的大家庭。叔伯、妯娌间总是为一点小事而争吵不断。谁家的钱多，其他的人就会眼红。爷爷奶奶偏向了谁家的孩子，他们就会阴阳怪气地指责爷爷奶奶。他们之间的“战争”让我们这些孩子见了面也总是很尴尬。

写给懂事的安拉：

俗语说，家家都有本难念的经。姐姐不是在大家庭中长大的孩子，所以每当姐姐看到那些大家庭中的孩子们有那么多兄弟姐妹可以一起玩要、一起游戏的时候就会羡慕地流口水。同时，姐姐也听说过你所诉说的大家庭中叔伯、妯娌间的冲突和矛盾。

爷爷奶奶偏向了叔叔家的妹妹，或者是伯伯家的哥哥；外公外婆过年多给了舅舅家的表哥100元钱；二叔家最有钱，所以二婶又新买了一件貂皮大衣，妈妈因为这件事和爸爸吵翻了天……这些复杂的关系，光听着我的头都大了。

安拉，其实家里的那些矛盾和战争与你们这些孩子是没有关系的，这些都是大人间的事，是成人世界里由于金钱、利益、攀比、虚荣而产生的妒忌和猜疑。同时这些矛盾和冲突也取决于这个大家庭原有的生活氛围。

懂事的安拉，姐姐相信文字是一种可以传递情感的表达方式，因此姐姐从你的来信中可以感受到你是一个善良、心中充满爱和温情的孩子。你对家庭充满了爱，也对这个家庭中每一个人都充满了爱意。正因为如此，你渴望和谐快乐的家庭关系，你希望这个家庭中的每个人都能和平相处。可是，安拉，“罗马不是一天建成的”，你的大家庭成员间的积怨是长时间积累的结果，化解当然也不是一朝一夕的事，所以，这个大家庭氛围的改变跟不上你所期望的速度。

可爱的安拉，说到这里，姐姐想给你一些建议：我们没有办法改变大人们固有的认知，却可以选择不和他们一起搬弄是非；我们没有给大人们讲道理的能力，却可以和同龄的兄弟姐妹们沟通。团结起你的兄弟姐妹，维系你们之间的融洽关系和友好氛围，用亲情带动起你的兄弟姐妹，再由你们这辈人的和谐推动整个大家庭的关系朝着积极的方面发展。

姐姐相信，只要我们怀着爱与友善积极地行动起来，一定可以收获一份预期的美好。

喜欢热闹的元博姐姐

# 做好事，要量力而行

夏新渔的来信：

我每天都乘公交车上学，而我家小区门外正好是我乘坐的公交车的终点站，因此我几乎每天都可以获得一个座位。可我大多数时候都保不住自己的座位，因为总是会有老弱病残孕上车，而让座的人又很少，所以，每次我都会起身把座位让给别人。可是，姐姐，你知道吗，有时候前一晚学习到很晚，又照常早起，我只能极其不情愿地站起来让座，还要一个人背着我沉重的书包。

好孩子夏新渔：

夏新渔是个好女孩儿，很好很好的女孩儿。姐姐不知道除了用“好”这个词之外还有没有比它更适合形容你的词了。

你说，你上学坐的公交车终点站正好在你家附近，所以你每天上学坐车都可以获得一个座位，可是每天你都保不住自己的座位，因为每当有老年人、小朋友、孕妇或是身体状况不好的人上车的时候，又因为车上的大部分人更多的是表现出冷漠，所以，你总是起身让座，即便有时候你也希望自己能多坐一会儿。因为前一晚，你学习到很晚，第二天又依旧早起，你希望能在车上翻翻前一晚的笔记，又因为书包那么重，站起来背着它实在是很累的……可是，你所受到的教育是，尊老爱幼是传统的美德，牺牲自己、帮助别人是一种高尚的情操，所以，就算你内心挣扎着，就算有时候你是那么不情愿，你依然要把座位让给别人。

我忽然在想，什么样的人容易不开心呢？或许就是那些道德感太重、心思过于细腻和敏感的孩子吧。因为他们太过于重视别人的感受，太过于重视别人对自己的评价，往往会为了别人而违背自己的真实意愿。

新渔，姐姐真的想很自私很自私地对你说，下次坐车，你坐到最后一排最里面的位置，这样你就不需要给任何人让座了。可是，姐姐这么说，是不是在宣扬人性自私论呢？会不会遭到别人的声讨或引来骂声一片呢？其实，我的本意不是让你不做好事，不是让你变成一个自私自利、只想着自己的人。但我们也要给好事一个定义，能被称作好事的事，首先是让我们都开心的事呀。如果这个所谓的好事，你是委屈自己，违背自己意愿的行为，那么还能称作好事吗？

姐姐记得在一篇文章中看到过这样一段话，一位牧师说，有很多东西是你应该得到的，就像你坐公交车的时候，恰好有一个座位空着，而你理所当然地应该坐在那里。新渔，牧师举的例子恰好是和公交车的座位相关呢！

喜欢帮助别人的元博姐姐

## ●元博姐姐的马后炮：

写给新渔的这封回信，我并不是要让她做一个自私自利的人，不是要她不做帮助别人的事。而是，有很多如新渔一样的孩子，因为道德感太重，情感太过细腻，即使需要自我牺牲或者是让自己不开心，也要去勉强做所谓的“好事”。

做任何事情我们都要量力而行，而不能一味地被所谓的道德或者是标准束缚。如果我们没有能力帮助别人，或者是帮助别人会让我们的利益受到损害，我们就可以选择不做。

新渔遇到的问题也许是个个案，可是同样的情况有很多。比如，学校组织捐款，如果家庭富裕的同学就可以多捐一些，几十或者几百这个标准没有硬性的规定；如果是一个家境贫困的同学，看到别的同学捐了几百块，自己却只能捐出几元钱而觉得没面子，或者是觉得自己不够有爱心，这个认知就不对了。

同样，如果我们遇到火灾发生，首先做的不应该是跑进现场进行救助，因为我们没有受过这方面的培训也没有这方面的能力，而是应该积极地呼救并及时寻求专业人员的帮助。任何时候都应该量力而行，盲目地以忘我的牺牲精神去做所谓的“好事”，我是不赞同的。当然，你可以全盘否定我。

## 可爱不是小女生的专利

安安写来的信：

姐姐，我马上就要过18岁生日了，都说18岁已经是大人了。为了迎接我们的18岁，学校还为我们举行了“成人礼”，大家一起成人宣誓的时候我也很激动，那种自豪感真让人心潮澎湃呢。可是，我还是不愿意长大，我希望自己永远是一个孩子，永远可以小女生般被宠爱。

写给孩子安安：

曾轶可有一首歌叫《还能孩子多久》。听着这首《还能孩子多久》，想一想自己还能孩子多久吧！长大是一个自然的规律和过程，是任何人都无法改变也不能拒绝的。长到18岁的我们却不愿意承认自己18岁，因为在我们心里以为长大成人就不能随便发脾气、随便撒娇，就不能随时来个熊抱抱，不能随心所欲，不能让人呵护自己……

在记忆里，幼年时代仿佛是我们生命中最最快乐的时光。那时候的我们，总是没心没肺，总是异想天开，我们很大声地笑，也很大声地哭，爸爸妈妈、爷爷奶奶总是尽力满足我们的任何要求，因为我们是个孩子，是个需要被宠爱的孩子。可是，长大了就有好多事做，就有好多约束要遵守，要考虑我们的明天，要思考我们的未来！

长大其实没那么可怕，当然长大也没有描述得那么美好。但是，长大的我们却仍然可以小女生般宠爱自己。

我们依然不能随便让自己受委屈，心里有委屈的时候，即使害怕家人担心不能当着他们的面痛哭，即使害怕丢面子不能当着外人的面流眼泪，也要给自己找一个温暖的角落放声哭泣，任何时候都不要压抑自己的坏情绪。我们依然要为自己寻找快乐起来的理由，要用心记录下生活中的美好来愉悦自己。我们依然要吃自己喜欢的东西，要为自己准备零食，用美食来刺激自己的味蕾，同时激活我们身体中那些快乐的因子。我们依然要穿好看的衣服，要穿自己喜欢并且舒服的衣服，任何时候我们都要像小时候第一次穿上公主裙那样，高傲地抬着头，以为自己就是美丽的白雪公主……

可爱，不是小女生的专利，我们心里可以一辈子住着一个女孩儿，呵护那个爱漂亮、爱撒娇的自己……

宠爱自己的元博姐姐

## ●元博姐姐的马后炮：

一辈子做女孩儿，一辈子把自己当作小女生来宠爱。在我看来，这是一种充满馨香的生活状态。但是这一切的前提是我们要接受自己长大的事实，我们不拒绝成长，更不拒绝长大。

还有，亲爱的妹妹，请在18岁生日那天，向爸爸妈妈深深地鞠上一躬，说一句，“我爱你们!”

在18岁生日那天，参加一次无偿献血!

在18岁生日那天，想想自己的未来，想想自己要成为什么样的人，并从这一天开始努力按照理想中的状态塑造自己。

在18岁生日那天，仰望夜晚的天空，无论那晚是否有满天的繁星，都许下一个美丽的愿望，滋润自己的内心。

在18岁生日那天，写一封信给自己爱着或暗恋的那个人，告诉自己爱情应该收获在自己可以担当的下一季，并祝福自己能找到属于自己的

Mr.Right。

在18岁生日那天，开怀大笑，因为以后的每一天我们都必须微笑面对生活。

在18岁生日那天，睡个好觉，要记得任何时候，都不要让自己的身体超负荷地运转，要知道健康是最大的财富。

在18岁生日那天，回忆你曾经历的一切美好，我们要带着幸福的心境去迎接人生的下一站。懂得感受幸福，将是我们最最宝贵的能力！

## 告诉爸爸妈妈你的不满

白云的来信：

姐姐，我的爸爸妈妈都是学校的老师，所以对我期望很高，我也理解他们对我的良苦用心。可是，他们总喜欢把我和别人家的孩子比来比去，真的让我很烦。别人是别人，我是我，这世界上找不到两片相同的树叶，也找不到相同的人呀！

写给白云的信：

白云，你看你说得多好，"别人是别人，我是我，这世界上找不到两片相同的树叶，也找不到相同的人呀！"所以姐姐完全站在你的一边，要和你一起声讨爸爸妈妈，表示对他们的强烈不满。

不过，姐姐先要提醒你一个逻辑错误，你和姐姐怎么说？"我的爸爸妈妈都是学校的老师，所以对我期望很高。"你的爸爸妈妈是学校的老师和对你的期望高之间可根本不存在任何必然联系哦，应该说每一个孩子的父母都对他们的孩子寄予了很高的期望值。因此，很多家长才会在发现自己的孩子没有像自己所预期的那样成为一个怎样怎样的（此处省去N多种与成功有关的形容词）孩子的时候，自然会大失所望，焦躁不安，自然会把心中的怒气撒到你的身上。就像炒股票的人，把所有的身家都压在了一只自己极其看好的绩优股上，他怎么能不焦虑呢？

爸爸妈妈拿自己的孩子和别人家的孩子比，目的是什么呢？是要给自己的孩子增添烦恼让他不快乐吗？是要故意让自己的孩子心里不痛快吗？不是的，一定不是的，天底下哪会有不希望自己的孩子开心快乐的父母呢？同时，天底下也没有希望自己的孩子弱于别人家孩子的父母。所以，这就是他们拿你们去和别人比较的原因，去和那些在某一方面强于你的孩子比较的原因。

他们的比较是因为爱，他们的比较是因为一种希望的寄予。所以，我们不能怨恨他们的比较，更不能去伤他们那颗盛满对我们的爱与希望的心。

但是，我们却可以表达出自己的不满情绪，要让他们知道，更要让他们理解，别人是别人，我是我，这世界上找不到两片相同的树叶，也找不到相同的人呀！

喜欢和爸爸妈妈抬杠的元博姐姐

### ●元博姐姐的马后炮：

很多家长会不自觉地让孩子代替他们去实现自己曾经拥有、却又没有完成的梦想；更会有父母因为对自己生活现状的不满而把过高的期望加在孩子身上，把孩子视为他们人生新的希望。其实，这种认知本身就是不正确的，再用这种错误的认知去要求孩子，对孩子即是一种伤害。

作为孩子，要如何告诉爸爸妈妈自己对这种比较行为，或者是这种过高期许的不满呢？正面冲突，拂袖或摔门而去实在是最拙劣的伎俩。如果你有机会和爸爸妈妈平等交流，就要用充分的理由说服他们。如果交流仍会引发正面的交锋，那么就选择写信、E-mail或者手机短信的形式，向父母倾诉自己的想法。

无论怎样，都要告诉父母你的真实感受，理解他们并得到他们的理解。

# 让没养分的朋友见鬼去吧

●写在前面的话：

我们的身边恐怕都会有这样的朋友，我们一直以为大家是朋友，所以要团结、要友爱、要互相理解、也要彼此帮助……即使这些没法做到，我们的情感付出也总应该得到些积极的回应吧。现实的情况却是，那个被我们当作朋友、称为朋友的某人，却在不停地诋毁我们，在四处散布一些谣言，看到我们倒霉的时候，他比谁都欢呼雀跃。我们迷糊了，自己怎么交到了这样的朋友？他怎么会是这样的一个人呢？

盈盈的来信：

我有一个朋友，把她叫作小P吧。我一直当她是不错的朋友，虽然还称不上是特别好的那种朋友。但是因为我们俩周末在一个辅导班补课，所以周末的时候是在一起的，我们一起吃午饭，下课早的话也会一起逛街买东西，当然也会分享女孩子心里的小秘密。可是我没想到，小P却在同学面前无中生有，和我的好朋友说，我说她的坏话；还把我喜欢班上一个男生的事到处和别人说。

写给盈盈：

盈盈以为自己是个超级倒霉的倒霉蛋吧。以为自己在周末辅导班上遇到了同班同学，自然就亲近许多，理所当然地要在一起。你也因为这一点和她慢慢熟络起来，即使不算是最好的朋友，你也把她当成是不错的同学和朋友，毕竟能在一个辅导班遇到同班同学也是缘分嘛！

如果是我，我也会和你有同样的内心感受，同样会愿意接近这个有缘分的她，也同样会在周末上完课后同她一起放松、聊天。因为我们珍惜人与人之间的缘分，愿意真诚对待别人。

姐姐相信，盈盈是一个重感情，也愿意对别人付出真心的人。可是，这样的人也往往最容易受到别人的伤害。就像你遇到了小P，这个小P孩儿。你看重她，她却不看重你，你以为你们很有缘分所以愿意珍惜，可是她却不以为然。你以为你把她当作朋友，所以就应该真心相待，就应该互敬互爱。她却去告诉你的好朋友，你偶尔对自己好朋友的抱怨，她还把你的小秘密到处和别人八卦……

盈盈在抱怨自己遇人不淑的时候，你是否也要想想自己，你把人家当作了朋友，所以她对你的诋毁和八卦让你感觉受到伤害，让你觉得自己选朋友的时候眼力不够好。可是，盈盈，你想过没有，你的这位小P或许根本没有把你当作朋友啊。你不过是她周末辅导班的一个临时伙伴，你不过在周末辅导班扮演她的一个朋友，好让自己也不至于孤单。

既然她在心里根本没有把你当作朋友，那么她自然不会尽朋友的义务呀。或者，小P这个人就是这么个八卦女和唯恐天下不乱的人物，人家对待朋友也就这么个态度，就喜欢挑拨离间、八卦同学，就喜欢把别人的秘密当成娱乐新闻发布。

好了，说到底呢，小P这个姑娘和你根本就不是一路人，她连最起码的尊重和保守秘密的品行都没有。这种没营养的朋友不要也罢！

喜欢交有养分朋友的元博姐姐

## ●元博姐姐的马后炮：

在我的心里，不是什么人都可以和自己成为朋友的，朋友也需要选择和磨合的过程，这一点与爱情无异。在彼此按照自己对朋友定义的契合度上互相选择和淘汰，找到可以真正成为朋友的人，而在我的心里这种契合是彼此都可以从对方那里汲取养分。所以，让没养分的朋友见鬼去吧！

# 自我是一种优秀的生活态度

●写在前面的话：

很多时候，我们害怕面对自己的内心需要，害怕面对自己的真实想法，因为我们总是不能接纳自己的一些最本真的想法。我们总是想让自己像个智者那样生活和思考，想让自己活得豁达一些，活得对别人宽容一些，却忘记了，我们最该善待的人是自己。

在我看来，自我是一种优秀的生活态度。自我该是有勇气果敢地为自己的行为负责，敢有理有据地说出自己的不爽，该是用真实的自己赢得认同和尊重。

格式化自己写来的信：

我是个特敏感多疑的人。害怕被别人伤害，也害怕伤害别人。和同学说话，我也总是小心翼翼地，怕说错了伤到人家，怕人家和我不乐意。很多时候人家一句很无心的话也会让我思来想去。

有的时候，我手里正有事在做，可是如果有同学需要我帮个忙，我就会立刻放下自己的事，我怕我不帮忙人家会说我的。

其实我也觉得自己挺没劲的，但是又不知道该怎么办。

写给格式化自己：

格式化真的应该把自己格式化一下了，好把自己那些无厘头的想法和烦恼清空。

姐姐看得出来，格式化是个单纯善良的女生。这样的女孩子，如你描述得害怕伤害别人，也害怕被人伤害。

所以一直以来你小心翼翼地活在自己的小世界里，不敢真正地对别人袒露心声，不敢真正地走近他人，也害怕他人真正走近你。一直以来，你都和别人保持着一段距离，似一条鸿沟让你无法逾越，更确切地说，是你不愿意逾越。因为你害怕不能成功逾越，还会让自己摔得伤痕累累。一直以来，你就这样唯唯诺诺地活着，也一直不能痛痛快快地活着。

你不敢对别人说“不”，因为你没有说“不”的勇气，因为你想让自己表现出豁达，想让自己看起来宽容和善良。

可是，你想过没有，一个连对自己都不宽容、都不善待的人，怎么能真正去宽容和善待他人呢？

不要以为善良、友好、宽厚和真诚就是完美人格的表现，完美人格首先该是获得自我的舒坦。一个不能让自己舒坦的人，怎么会在人际交往中让对方感到舒服呢？

活得自我一点不好吗？自我其实是一种我们应该去追求的境界。自我不需要刻意地用所谓的道德感来强烈地约束自己，也不是把自己仅仅停留在生物本性的层面。自我是找到一种身心的平衡，让自己活得舒坦。

自我不是为了所谓的他人评价和自我形象而刻意压抑自己的情绪，或者是刻意将自己装扮得“与众不同”。自我该是有勇气果敢地为自己的行为负责，敢有理有据地说出自己的不爽，该是用真实的自己赢得大家的认同和尊重。

经常因为中病毒而格式化电脑硬盘的元博姐姐

# 内向or外向，不过是表象不同

蝴蝶写来的信：

姐姐，在别人眼里我是一个很外向的人，甚至是活宝。平时嘻嘻哈哈，不拘小节。朋友们谁有了烦恼都会找我倾诉，而他们从没有注意过我是否开心。

我们宿舍一个叫L的女孩儿，平时不爱说话，人很内向，把精力都放在学习上，从来不和别人开些无聊的玩笑，可是身边的人都很重视她。而我呢，整天好像一个可以随时被人扔垃圾的垃圾桶，他们只有遇到麻烦的时候才会想起我，要我帮助他们。平时没事儿的时候，总是喜欢拿我开涮。

写给蝴蝶的回信：

小蝴蝶，即便你的文字充斥着不满，甚至是恨意，姐姐一样能在你的描述中感觉到你在生活中“活宝”一样的角色，像一只快乐的蝴蝶飞舞在花丛之中。我们想象一下，再艳丽的花海，如果没有蝴蝶在花丛中穿梭怎么会让人体会到撩人的美呢？

就像你，当个给别人带去欢乐的活宝有什么不好？平时嘻嘻哈哈、不拘小节、疯疯癫癫，当个垃圾桶，可以盛放朋友们随时扔来的垃圾……可你偏要唱着王力宏的《改变自己》，要把自己变成不开玩笑、不随便发疯、正儿八经、不随便说话、笑不漏齿的“假淑女”……你大声喊着I hope I can have a try！Fighting！你压抑自己的真实情绪，偏偏要逆着自己的本性生活，你不觉得更别扭吗？

人家L是L，L天生就是那样的姑娘，不信你去问问，她是不是正羡慕你可以和身边的人打成一片，整天欢声笑语地生活？

一个人是内向还是外向，不过是我们给外在世界的一种表象，没有好坏之分，更没有性格上的优劣之别。

这个世界本来就是多元的，任何存在都具有它的合理性，试想一下，我们生活的群体中，如果只有你所羡慕的L这一种人，哪里还会听得见笑声、歌声？所以我亲爱的，会跳舞的小蝴蝶，何必苦苦让自己成为别人呢。你就是你呀！那个给别人带去快乐的开心果的角色就该是你的。

同样被大家叫作开心果也被人当作垃圾桶的元博姐姐

●元博姐姐的马后炮：

内向性格和外向性格更多的时候是通过我们传达给外界的信息，所得到的别人的评价。内向或者外向没有好坏之别、优劣之分，只是我们性格的特征。其实，我倒很不赞同有些家长让自己性格内敛的孩子去学习专门的培训课程，试图让他们变得善于语言表达、善于交际……试图让孩子摒弃本来的性格特点，而把他们训练成活泼开朗型，这与用模具来塑造人有什么区别呢？违背人与生俱来的最本真最原始的本性，这该是一件多么可怕的事呀！

# 没“做贼”也会心虚

●写在前面的话：

先举个例子，同桌新买的MP4忽然不见了。这事儿本来和咱没有一毛钱的关系，可是同桌四处寻找，向咱问明情况的时候，我们却会不自觉地脸红，感觉这东西像是自己拿了一样，还生怕人家怀疑自己。其实，这种没做贼也心虚的情况谁都有过吧。

梅花尖儿写来的信：

我是我们班的副班长。虽然我是个女生，可我从来没有打小报告的习惯，而且还总是在老师面前维护自己的同学。可是有一次，我们对面寝室的几个女生晚上出去玩儿，熄灯以后才回来，正好被要去洗手间的我碰上了。第二天，老师把她们几个找去谈话，她们回来以后一个劲儿地看我。其实我没那么爱管闲事的，我没和老师打她们的小报告。但是，以后每次碰见她们，我都感觉她们正用厌恶的眼神看着我。

写给梅花尖儿的信：

有一个古老的故事是关于偷斧子的，你还记得吧。自家的斧子丢了，怀疑是隔壁王二麻子偷的，所以怎么看王二麻子，怎么觉得就是人家拿的。王二麻子的每一个动作、每一个眼神，都像是偷完斧头、做贼心虚的表现。

现在的你，感觉人家以为是你告的密，所以怎么看怎么觉得人家在记恨你。而你却不想让别人觉得你是个两面三刀、爱打小报告的人，你更愿意扮演老好人的角色。

在姐姐看来，你的这个问题并不像你想象得那么麻烦。你是班长，有很多机会和老师交流，所以你完全可以找个机会把是谁告的密问个清楚啊。如果你再主动和她们打招呼、依然遭到扭头不理；如果你确定你们以前的关系从没有过这么僵；如果你听到了她们怀疑你的言论，你就可以告诉她们，不是你告的密，至于是谁说的，你也没义务告诉她们……

梅花尖儿，退一万步说，即使是你告的密又怎么样呢？你想过没有，就算是你打的小报告，你也是在为你的同学负责，未满18岁的女孩子，很晚回宿舍，即使是几个女孩子一起也是很危险的。如果是你告的密，你也是在对她们的安全担心，为她们着想。为什么要害怕人家怀疑的目光？

此时的你，一定在后悔她们回宿舍晚的那天，你怎么就偏偏那个时候去洗手间而让她们几个遇见了呢，早一分，晚一分，是不是就没这个事儿了呢？

姐姐可以很负责任地告诉你，即使没有这件事，你依然还是会遇到类似的事。没有做贼的你，依然还是会遇到让你心虚的事儿。

因为很多时候，我们害怕遭到别人的误解，我们害怕受到别人的不良评价，我们不知道在遇到别人的误解时要去如何解释、如何担当，而担当是需要我们努力培养的良好品质。

也不是完全有勇气啥都担当的元博姐姐

# 该出手时就出手

苏了的来信：

姐姐，怎么说呢？我是一个挺自卑的女孩子。我是后转到现在学校的，我以前一直在镇中学上学，由于父母工作的原因我转到了现在这所市属高中。我平时不大爱说话，而且脸上长了很多雀斑，所以到这个班级很长时间了，也没有人愿意和我交朋友。我的同桌是个男生，他总是和别人讲我的坏话，说我是个村姑，什么都不懂；还说我有口臭，可是我没有呀。

就在昨天，他又大声地喊我村姑，开始我像往常一样没有搭理他，结果他越来越嚣张，凑近我的脸说，叫你村姑不高兴啦？瞧你那一脸鸟屎的倒霉样儿！他的话音一落，我就给了他一个嘴巴，接着站起来把他的桌子掀翻了……

现在他请假回家了，没来上学，我以后要怎么面对他？

写给苏了的信：

姐姐先要为苏了鼓掌，使劲儿地鼓掌。为苏了的勇气鼓掌，为苏了捍卫尊严的勇气鼓掌。姐姐还要说，打得好，如果你当时打的是他的左脸，那苏了应该再给他的右脸一巴掌，如果怕咱使的劲儿太大，疼了咱自己的手，那就把鞋脱下来用鞋底子抽他，如果鞋不好脱，时间来不及就直接用咱最有力的武器——书桌上的书抽他，狠狠地抽！

这么不要face的男生就应该用这样的办法对付他。要让他知道，别老虎不发威就拿咱当Hello Kitty。忍气吞声地回避他人的欺辱只会助长对方的嚣张气焰，永远解决不了问题，到头来难受的只能是自己。

虽然姐姐为苏了的勇敢和正义鼓掌，但是姐姐可不赞成用暴力解决问题哦。姐姐的观点是遇到问题咱要及时沟通，及时表达自我，大声说出自己的感受。

姐姐在想，如果一开始苏了的同桌几次恶语相加，苏了就站起来告诉他，他的行为相当无耻，如果不愿意和自己同桌可以去找老师，请求换座位，但不要用这么卑劣的手段欺负一个女生，这样的男生让人瞧不起！你非常瞧不起他！

记住，你是站在正确的一面去维护自己的尊严，所以不必有任何顾虑，更不必害怕他日后会变本加厉。让自己强大起来，才是保护自己的强有力武器！

当然，像咱苏了这么柔弱的小女生和同苏了一样的女生，你们也可以选择QQ留言或者写信的方式与你们的“敌人”沟通。同时也反思一下自己是不是哪些地方做得有问题，无形中伤到了对方，对方才会有如此挑衅的行为。比如，苏了，你的同桌会不会是因为一开始和你主动搭讪却没有得到你积极地回应，也许在他的心里，他认为你应该尊重他这个“城里人”，而你却没有把他放在眼里呢……

姐姐的观点是，遇到问题该出手时就出手！不要把怨恨积累起来，变成积怨的时候问题就不好解决了。注意咱这个“手”是交流和沟通哦!

还没扇过别人巴掌的元博姐姐

## 同桌是一种“微妙”的关系

陌离的来信:

我和我的同桌都是学习很好的学生，她的理科好，我的文科好。老师让我俩儿同桌的目的是让我们互相帮助，共同提高成绩，可她倒好，不乐意和我共同进步也就算了，还总是说些风凉话。比如，看见我的课本上把老师当天要讲的问题已经预习了，她就会说，呦，真用功呀！我要是有你一半用功，估计我都能全班第一名了，真是要向你学习呀！

写给陌离:

陌离一定在心里骂这个讨厌的同桌呢吧。老师明明是以爱护你们为出发点，想让你们两个人一同提高成绩，她不表现出愿意和你互相帮助、共同进步的姿态也就罢了，还对你的进步行为冷嘲热讽。她来了一句：“我要是有你一半用功，估计我都能全班第一名了，真是要向你学习呀!”这话谁听着都会觉得别扭。您这是在夸我用功啊，还是在讽刺我这么用功还没排个第一寒碜人啊?

在姐姐看来，陌离的同桌可能一直都是这种喜欢拿风凉话来给别人降温的人。在她的心里或许有这样的认知，表现出勤奋换来的好成绩会被人以为脑子笨。所以，陌离，姐姐想说，她的这些风凉话不是针对你，而只是在掩饰她自己。如果说以前你没有发现她这个显得有些“拙劣”的品质，那是因为你们没有如此接近彼此，正所谓距离没了，美也就没了。

同桌之间是最容易彼此嫉妒的。如果两人在各个方面都不相上下，这种情况的发生就相当具有普遍性。同桌间关系融洽的，往往是那些生活在不同圈子里的人。比如一个有舞蹈专长的女生如果和一个爱学习、爱读书、平时不喜欢参加课外活动的乖乖女一桌，就更容易因为彼此的不同特质而互相吸引，她们的关系也就越融洽。

同桌之间也是最容易彼此指责的，这个指责就源于同桌间因距离而建立起来的亲密关系。因为在一起的时间长、距离近，彼此必然对对方有多于其他人的期许。这个时候我们的想法往往是，你是我同桌啊，你难道还不能理解我是因为和好朋友闹了别扭才心情不好，不愿意说话吗？你明明知道我数学不及格，还偏偏要问我打了多少分？

当然同桌之间也是最容易由于彼此长时间的接触，彼此的交流和了解而建立起深厚友情的伙伴。对于异性同桌，也是最容易产生恋情的小群体哦。

说了这么多，来说说你陌离的心里，对同桌应该是这样定义的吧，互相关爱，互相帮助，应该像最亲近的人一样对待彼此，因为同桌是在学校陪伴我们时间最长的人，而在这段最长的时间里，同桌间只有建立起融洽的关系，才能愉快地学习。

陌离的这个定义并没有错，你的同桌冷嘲热讽地胳肢你的情绪，也没有错。因为同桌这个关系，本来就是混杂着友善、帮助、妒忌、诋毁、开心、悲伤、愤恨等等情感在一起的关系，是一种微妙的关系。而这种微妙的关系，源于你们是最近距离的彼此。

忽然很怀念同桌们的元博姐姐

# 谣言的持续时间与你的在乎程度有关

开飞机的贝塔写来的信：

我是个性格挺外向的女孩子，和班里的同学基本都能有话说。我们班有一个性格很内向，不爱和人说话的男生。就因为有一次，他向我借课堂笔记，同学们就把我们两个人给联系到了一起，总是拿我们俩开玩笑。我越是反驳，他们反倒说得越起劲儿。

前几天，老师还无意中说起，我和那个男生是班里最聪明的学生，结果引得一阵哄笑。最让人郁闷的是，老师还把我俩调成了前后桌。有的时候我回头问他点儿什么事，他就刻意表现得很冷漠，好像在提醒我注意影响。谣言又不是我制造的，我也是受害者，他怎么还这个态度呀？

写给贝塔的信：

贝塔，别急，姐姐先来说个故事。《伊索寓言》中有这样一则故事，森林中谣传老虎决定吃掉猴子，猴子害怕了，就跑去向狐狸请教，请求狐狸的帮助。于是狐狸就开始制造谣言，说老虎最终决定吃掉麋鹿，结果森林里很快就谣传老虎要吃掉麋鹿了。

我们越是对谣言表现得在乎，大家就越会觉得有趣。我想大家一定都特别愿意看你面对谣言时慌慌张张的样子。姐姐都可以想象出，一个平时外向的女孩子，可以和谁都很自然地说话，热情地打着招呼，可是一说到那个男生的时候，你就会突然变得满脸通红、语无伦次……你越是这样着急地解释着，就越会让大家觉得有意思，越是想逗你玩儿，越是觉得你对男主角有点儿意思。其实，贝塔，如果你采取的是放任或者置之不理的态度，在大家找到新的兴奋点之后，就会失去对这件事的兴趣，就像寓言故事里，因为有了新的谣言，旧的自然就被人遗忘了。

显然，你故事里男主角的心理承受能力还不如你。这个谣言关乎你们两个人，他不但不考虑你的感受，反倒先做出划清界限的姿态。从他的冷漠来看，他更害怕这个谣言。那么这样的男生，首先就不是值得咱喜欢的吧。既然他都不值得你喜欢，既然你和他本来就没有什么故事，以后也不会发生任何故事，那么，不用说这个谣言事件，就是这个人本身也同样不必在意吧。

现在问题我们都捋顺清楚了，那接下来，可就要看我们能开飞机的贝塔的喽。我们就把这个谣言当成是枯燥乏味的学习生活中一点儿小幽默的点缀，在娱乐和花边新闻当道的今天，让我们为娱乐大众奉献一些自己的娱乐精神，轻轻地一笑而过。

喜欢制造完全不靠谱谣言的元博姐姐

●元博姐姐的马后炮：

“天将降大任于斯人也，必先苦其心志，劳其筋骨”，如果我们把对待谣言的态度当成是一次锻炼自己心志的过程，应该会体会到无穷的快乐吧。同时，在面对谣言的态度时，每个人的不同表现，也可以帮助我们看清某人或者某些人真实的一面，这将是充满趣味的事情呢！

# 内心敏感是我们独有的特质

阿水写来的信：

我是一个内心敏感的女生，别人的一个眼神、一句无意的话，都会让我胡思乱想。我心里总是莫名的隐隐的痛，感觉自己身边没有一个可以真心信任的朋友，想用宽容、豁达来抑制这种莫名的伤感，却发现那样只会让自己更落寞、更颓废，我知道自己还没有真正学会豁达和宽容。

我不知道自己是从何时起变成这般模样的，多愁善感，心情总是起伏不定，脾气也变得暴躁。我多希望能有一股清泉，缓缓流过我的心田，滋养我的心灵，让我不再这般伤感。

写给水做的女孩儿阿水：

阿水，你的内心独白让我一下子跟着你伤感起来。是的，每个人的内心都会有落寞和孤寂。无论我们有着怎样的外表，无论外界对我们有着怎样的评断，真正能走进我们心里的人也只有我们自己，只有我们自己能默默守候着心灵最深处的孤独。

内心敏感不单单是你，也是许许多多人的特质。如果不是因为内心敏感，怎么会有那么多打动我们的文学和艺术作品，怎么能拨弄着我们的心弦，让我们为之动容呢?

只有内心敏感的人才更愿意体味生活，才懂得如何生活，才乐意并且能够聆听自己心灵的声音。

多读书，多接触他人，会让人的心胸变得开阔，因此姐姐希望你能多读书，多读可以滋养心灵的书籍。多去四处走走看看，在大得没有边际的世界中，心也会跟着开阔起来。只有扩大自己生活的世界，扩大自己的眼界，心才会跟着装下更多的东西，才不会纠结于琐碎的伤感，才不会让内心变得封闭。

姐姐没有清泉送给你，却有一段年轻时很喜欢的话给你：

好好去爱，去生活，偶尔停下来休息，但是别蹲下来张望。走过了一段路的时候记得别回头看。

时不时问问自己，自己在干吗，伤心和委屈的时候要号啕大哭，哭完洗洗脸，拍拍自己的脸，挤出一个微笑给自己看，给自己一个远大的前程和目标。记得常常仰望天空，记住仰望天空的时候也看看脚下。

喜欢仰望天空的元博姐姐

青春不是年华，而是心境；青春不是桃面、丹唇、柔膝，而是深沉的意志、恢宏的想象、炽热的恋情；青春是生命的深泉涌流。

青春气贯长虹，勇锐盖过怯弱，进取压倒苟安。如此锐气，二十后生有之，六旬男子则更多见。年岁有加，并非垂老；理想丢弃，方堕暮年。

岁月悠悠，衰微只及肌肤；热忱抛却，颓废必致灵魂。忧烦、惶恐、丧失自信，定使心灵扭曲，意气如灰。

无论年届花甲，抑或二八芳龄，心中皆有生命之欢乐，奇迹之诱惑，孩童般天真久盛不衰。

人的心灵应如浩渺瀚海，只有不断接纳美好、希望、欢乐、勇气和力量的百川，才能青春永驻、风华长存。

——塞缪尔· 厄尔曼《青春》（节选）

# 你的老师有可能是个“变态”

浅吟低唱写来的信：

姐姐，我是用我最最真实的情感在给你写信，也请你相信我，我的每一句话都是真实的。我是个成绩中上等的女生，虽然成绩不突出，但一直是爸妈心里的乖乖女。最近的一次期末考试，我的英语成绩考得史无前例的烂。晚上的自习课我没上，一个人跑到学校的天台上想安静一会儿，碰巧我们班一个男生在天台上抽烟。

我们两个人连话都没有说。可是我回到教室的时候，发现那个男生正在走廊站着，我推门想进教室，班主任喊我出去，问我去了哪里，我说天台。结果，她就认定我们两个人是去谈恋爱了，让我们写检讨、找家长，闹得满城风雨。我现在真是没脸在学校待下去了。

写给浅吟低唱：

姐姐有一个特大号的疑问在脑袋里，高中生谈恋爱，应该已经不是什么个别案例了吧？你的班主任竟然如此这般、这般如此地兴风作浪，唯恐天下不乱吗？

如果浅吟低唱告诉姐姐的情况一切属实，那么姐姐对你班主任老师的心理健康情况持严重怀疑的态度。

一个男孩子和一个女孩子同一时间没在教室里，同一时间出现在了天台上，然后又在相差不多的时间内回到了教室。由此班主任老师就断定这两个人在谈恋爱。由此你的班主任老师断定你们这是大逆不道，你们这是大错特错，这个严重事件必须要严肃处理。写检查、找家长、开批斗大会……一个都不能少，必须要起到杀一儆百的效果。

话说，她的种种行为，还真是让人觉得她不是一般的“变态”哦。一个老师，在遇到问题的时候，不是听同学说明情况，不经过深入调查研究，就妄下结论，这简直比封建君主还专制嘛！

小唱，姐姐帮着你说你的班主任是个“变态”，是希望你的心里能好受一些。姐姐理解你遭到误解、有口难辩的心情。在你和老师的不平等关系中，你无助而且愤怒，而这种不平等的关系又是你的老师一手构筑起来的。

姐姐在想，你今天遇到这样一位班主任老师也许并不是什么坏事，想想看，在这个繁杂的世界中，我们终究会遇见各式各样的人物，他们不会个个通情达理，不会个个善良友好，我们会遇到比你的班主任老师更武断、更没逻辑、更不讲情理的人，或许我们会受到更严重的误解和完全恶意的中伤。好在我们今天遇到的是这样的一位老师，即便她的行为看上去不可理喻，可我相信，作为老师她的出发点是好的，她是希望作为学生的你们能把心思完全放在学习上，能有好的成绩并能考取好的大学。

所以，原谅你的老师吧，如果你觉得委屈，如果你觉得你受到的伤害无法排解，那么你就告诉自己，我的老师有可能是个“变态”，而我怎么能拿变态的错误来惩罚自己呢？

在老师眼里是个好学生的元博姐姐

●元博姐姐的马后炮：

“你的老师有可能是个‘变态’”，并不是我对老师有偏见或者故意恶语中伤。中学教师的确是压力最大的职业人群（TOP10之一），他们为了学生的成绩，为了班级的升学率……背负着太多的压力。中学教师，同样是最最值得我们尊敬的人群，因为他们的身上承载着那么多孩子对未来的梦想。

因此，理解老师、尊敬老师、爱老师是每一个学生都应该去做的。当你发现你的老师因为压力大，在对待你们的态度和处理问题的方式上出现偏差的时候，也要及时提醒她（他）注意休息和调养，可以适当地接受心理咨询和心理疏导。

# 你和老师的关系没你想象得糟

不懂黑的白写来的信：

姐姐，我是一名初三留级生，爸爸妈妈为了让我考上好的高中给我办了留级。我很努力，因为我不想荒废这一年！

可是我的班主任不喜欢我。上学期，班主任留年级前50名的同学谈话，鼓励他们。可她没找我（我是年级前40名）。好事找不到我，所有的坏事她都第一个想到我。每次有违纪的女生，她都会问有没有我。我承认我曾经的班级是一个能疯能闹的班，可是这不能说明我就是一个违纪的学生啊！她居然还让同桌少和我接触，同桌和我的关系很好就告诉了我！

现在我发现无论我怎么努力，她都不注意我，不关心我，还把我调到了最后一排。我现在都不愿意上学了，可又觉得对不起父母，我该怎么办呀？

写给不懂黑的白的信：

姐姐明白，白白本来是想考上好高中，将来考个好大学，以后奔个好前程，才听了爸爸妈妈的话选择重读一年初三的；本来是想着要忘记过去，重新塑造自己的，结果却事与愿违，你正以崭新的自己面对着学习和生活，你的老师却不能接受现在的这个你，还是用老眼光看你。

她好事不想着你，坏事却第一个想到你，她还告诉她的“亲学生”——你的同桌少和你接触。是的，姐姐用了“亲学生”这个词，你不是她的亲学生，她一直带的这个班级，这个班级里原来的学生才是她的亲学生！她不把你当成自己的亲学生，怎么能像对待亲学生一样对待你呢？

姐姐同样也要问问你，白白，你把你现在的班主任老师当成亲老师了吗？如果你心无芥蒂地把她当成你的亲老师，那么你是不是就应该先从心里接受她。当她第一次对你有不公平行为——给前50名开会，却落下你这个前40名的时候，你就应该主动去问老师，问问老师，她都讲了些什么，把你想改变自己的想法告诉她，请求她接受你、帮助你……

作为学生你诚恳地去请求你的老师，开诚布公地去和你的老师交流，我想任何一个老师都不会拒绝一个心怀理想的孩子。

姐姐相信人和人的情感是相通的，你先把她当成了亲老师，她一定会把你当成亲学生。坐等你的老师发现你的变化，坐等你的老师发现她曾一度错怪你，是多么愚蠢的行为呢！

我们的老师只是普通人，我们不能把他们神化，更没必要把他们妖魔化。白白，先原谅你的老师，也就是先卸去你心灵上的枷锁，而你和老师的关系也未必如你想象得那么糟糕。

既然有勇气选择破罐子破摔，为什么没有勇气去找她谈谈呢？告诉她，请接受白白的转变！

和启蒙老师失去联系的元博姐姐

●元博姐姐的马后炮：

如果我们真的“有幸”遇到了戴着有色眼镜看人的老师，姐姐倒觉得最好的办法是憋足了劲儿好好学习，考个好高中，拿到通知书那天，去见她，顺便特真诚地提几点希望给她，请她以后不要戴着有色眼镜看人！

# 有问题不要自己扛

小水滴写来的信：

我是一名高一女生，而且是一名住宿生。但是开学后的这一段时间里，我发现自己的人缘很不好。同寝室的女孩互相打闹、开玩笑，但是对我说话的时候态度就变得不是很好。而我也不大会和她们交流，总是没什么话说，所以总是一个人独来独往。同学们不管谁遇到困难，我都很愿意帮助他们的，可是我遇到麻烦的时候，却没有人主动来帮我。

写给小水滴的信：

嗨，小水滴！如果我是个会使用读心术的巫婆，就会挥着魔法棒，敲着你的头说，从你给自己取的这个名字，就可以看出，你是个乐于奉献和乐于助人的女孩儿。其实对于不懂什么巫术，也没有读心本领的姐姐来说，小水滴这个名字也一样会让人联想到奉献和帮助。事实上，你自己也说，你愿意帮助别人，在别人遇到麻烦的时候，你很乐意出手相助。

可为什么我们这个心地善良、不要刺头、遇到麻烦会独自伤神、一个人扛着烦恼的女生，却人缘不好、没办法和寝室的同学一同打打闹闹、一起哈哈大笑呢？

小水滴，你乐意帮助别人，你喜欢为他人解忧，你也渴望融入同寝姐妹其乐融融的氛围中。可是，这些都只是你的内心所想，你有向身边的人表露出你心里的感受吗？我们都不是老巫婆，不会读心的巫术，我们只是普通人，没有水晶球可以帮我们洞悉别人的内心。所以，如果你不表达你自己，如果你不让别人走进你的世界，如果不主动和别人交流，别人怎么可能了解你纷繁复杂的内心世界？

小水滴，姐姐知道，从你给姐姐的信中，就可以感受到你是一个情感不愿意外露的女生，你不大会表达自己，就像你有困难需要别人帮助的时候，你都不懂得如何开口去索取他人的帮助。

可是，你需要朋友，你害怕孤单，你渴望得到别人的关注，渴望能和身边的姐妹打打闹闹，那么，你要表达自己的想法，你要索取你的需要。当你有困难的时候，当你需要帮助的时候，当你孤单的时候，你要主动向身边姐妹们求助，告诉她们，你需要她们！

总是需要朋友帮助也乐意帮助朋友的元博姐姐

## ●元博姐姐的马后炮：

有很多女孩子跟我诉说过这样的烦恼，她们说，别人有困难的时候，如果求助到她，她一定会尽全力帮助人家，人家有烦恼需要倾诉的时候，她就充当垃圾桶的角色，全盘接受人家的情感垃圾。可是，当自己遇到烦恼的时候，却没有人主动走近她、关心她，她的问题只能自己扛。

遇到这样烦恼的我们，不应该抱怨身边的人不懂得关心自己，也不应该为自己曾帮助过别人而心理极度不平衡。因为，平日里你从不表达你的真实情感，你把自己包裹在自以为安全的小世界里。总是把笑容挂在脸上的你，总是嘻嘻哈哈的你，有谁会知道你的内心也孤单、寂寞呢？总是一个人独来独往，总是不主动与人亲近的你，有谁会以为你热切地需要一份深厚的友谊呢？

所以，亲爱的，真实地表达你的情感，真实地表露你自己，给自己走出也给别人走进你的小世界的机会吧！

# 用发光点赢得别人的尊重

●写在前面的话：

我们在集体的学习生活中，都希望自己是一个可以得到别人尊重和认可的人。可是如何能赢得他人的尊重和认可呢？这应该是我们每个人都需要面对的问题吧。

地下铁写来的信：

姐姐，我今年上高一，由于我的初中是在外语学校读的，我的中考英语成绩还是满分，所以，刚一入学老师就让我当了英语课代表。可是我领着大家早读的时候，同学似乎一点儿也不把我放在眼里，我走到讲台让大家把英语书拿出来读课文，他们却行动缓慢，不响应我。我知道我们这个班，是英语实验班，班里的同学英语成绩都很棒，中考英语满分的更是大有人在，我不过就是口语方面和竞赛成绩方面占些优势罢了。其实我当这个课代表真的挺没底气的。

写给地下铁：

地下铁，外语学校的学生和普通中学学生的最大不同应该不是在应试的分数上，而是在你们的口语表达或者是参加英语竞赛的能力上。

想想，你的老师为什么一开学就让你当英语课代表，让你带领同学早读，如果姐姐没猜错的话，老师一定是看中了你在外语学校练就的口语表达能力，想让你把口语表达能力传递给你的同学们。

姐姐想给地下铁讲一个别人的故事：

姐姐上大学的时候，班级里的文艺委员是个男生，据说他是个文艺特长生，所以就被辅导员直接委任了。可是他偏偏长相平平，成绩平平，系里或者院里搞活动，他也没有显示出过人的组织能力。他组织同学排节目，很多人也都是一脸不乐意，甚至还和他对着干。于是，很多女孩子在私底下议论起来，不明白为什么要让他这么一个人当文艺委员，甚至有人怀疑他的文艺特长生身份是假的。

可是就在学期末的新年联欢会上，他的一首《热情的沙漠》赢得了全场的喝彩。他的嗓音，他的热舞，使他成为当晚的焦点。

也就是从那一晚开始，大家都开始对他刮目相看。女同学们也开始夸他长得帅气，连他平时不爱说话，都被评价是有内涵的表现，甚至很多女孩子开始猛烈追求他。

姐姐讲这个发生在别人身上的故事给你，是想说，一个人在某一方面有长处是多么重要，只要有一个发光点，他就会改变别人对他的评价，会让自己赢得别人的尊重。

当然，地下铁，姐姐不是要让你在早读的时候也高歌一曲，姐姐是想说，下一次早读，你可以准备一篇经典的英文演讲稿，找你最能拿捏准确地讲给大家，并在开始前先提几个文中出现的问题给大家，也许你会获得满堂彩呢！

让自己在某一点上突出起来，让这一点成为你的发光点，不仅会让自己获得自信，更会让自己赢得尊重。

也当过英语课代表的元博姐姐

# 人人都有心理弱点

最爱MJ写来的信：

我们学校开设了心理课，我对心理学的兴趣也越来越浓厚了，喜欢了解心理学方面的知识，也喜欢阅读心理学方面的书籍。可是，渐渐地我觉得自己好像也有心理疾病，我会莫名地不高兴、郁闷，会因为别人一句无心的话而耿耿于怀很长时间；我总是要求完美，总是会给自己定很多规矩……反正我的毛病真的很多。姐姐，你说，我是不是有心理疾病呢？

写给最爱MJ：

最爱MJ的确是对心理学有些了解哦，所以连问题都显得这么专业！单刀直入式地要姐姐判断你是否有心理疾病。可是，要姐姐怎么回答你呢？姐姐不是心理专家，也不是什么心理学的研究学者，怎么好随便乱说话呢？

不过，话又说回来，其实谁的心理没有毛病呢？在这个世界上根本就没有心理绝对健康的人啊，任何人都会有情绪低落期，都会有这样那样的心理问题。心理问题就像感冒发烧一样平常，会时不时地来打扰我们。

心理健康本身就是一个动态的过程。姐姐曾听过《登天的感觉》一书的作者岳晓东博士的讲座，他在讲座中用心理健康图谱简洁明了地表现了心理健康的动态过程，他用白、浅灰、深灰、黑四个渐变的颜色来代表人们不同的心理状态。

白色人群拥有健康的人格、足够的自信心和很强的适应力；浅灰色人群是正常人由于遭遇各种生活压力而产生的心理冲突，需要从心理辅导师或社会工作者那里获得帮助；各种变态人格与人格异常以及有障碍的是深灰色人群，需要心理医生通过临床心理学模式进行治疗；黑色人群是精神分裂患者，由精神病医生通过医学模式救治。这四种区域没有明显的界线，是渐进的，如果浅灰色人群不能及时得到帮助，会发展进入深灰色状态。也就是说，心理健康水平是动态的，没有绝对的心理健康。

姐姐选用了这段看似很专业地对心理健康动态过程的解析，希望对你这个心理学爱好者能有所帮助。

最爱MJ会莫名地不高兴、郁闷，会对别人一句无心的话而耿耿于怀很长时间，总是要求完美，总是会给自己定很多规矩……

如果硬是要上纲上线地给这些问题下一个定义，那只能算作一些心理上的弱点吧，而这些弱点，它本来就属于我们每一个平常人。

心理上一堆弱点的元博姐姐

# 你是自己生活的主题

● 写在前面的话：

一个女孩子在给我的来信中这样诉说着她的烦恼，她说她有一个很好的朋友从小学时成绩一直很好，上初中后却渐渐对学习失去了兴趣，前几天刚刚办理了退学手续，去和爸爸妈妈一起经营自家的小餐馆。她知道消息以后苦口婆心地劝说，结果人家非但不领情，还和她反目。她说，她真的很担心她的好朋友，怕她就这样毁了自己的一辈子！

写给我亲爱的妹妹：

嗯，你的好朋友从小学习成绩就好，所以你认为她就应该一直是一个成绩好的孩子。她和你一样只有15岁，所以你觉得她就应该坐在教室里好好学习。你以为她是你的好朋友，就应当听从你的劝说。而事实上，她并不喜欢学习，她不喜欢学校，她更希望退学以后和爸爸妈妈一起经营自家的小餐馆。

你以为你是在替她的前途操心，你以为你所考虑的问题都是在为她的人生做着打算。可是，你想过没有，你所有的论调都仅基于你的价值观，你的角度只是你看问题的出发点。而你的好朋友呢，也许学习对她来说是最不开心的事，离开学校对她来说则是最快乐的选择。在15岁的她看来，帮父母经营自家的小餐馆是她最喜欢的事。

你在写给姐姐的信里，一遍一遍地说，“她不上学就是在放弃自己，一辈子不就毁了吗？”姐姐仿佛看到你含着泪花的眼睛忽闪忽闪的。

一辈子？一辈子！我们是不是不要轻易说“一辈子”这个词，15岁的你们怎么能早早判断出这一辈子的事呢？

姐姐不想和你一起杞人忧天，也不能和你一起声讨你好朋友的不知好歹。你们一样15岁，你有什么资格觉得自己比她更深明大义更深思熟虑呢？

我们每个人都有自己生活的主题，我们且不去讨论她的主题是什么。我们只来说说你，你生活的主题在哪里？你是不是应该先找到它，然后努力去实现它呢？

总跑题的元博姐姐

●元博姐姐的马后炮：

用很负责任的态度对待自己的好朋友是没有任何问题的，为自己的好朋友担忧也是作为朋友应该具有的优良品质。可是，我们每一个人都有自己生活的主题。举个简单的例子，喜欢篮球的小A，立志要成为篮球运动员，我们就不应该为他的作文是否能够写好而担心，因为他生活的重心在篮球运动。

当我们评判别人的生活状态和思考问题的角度时，不妨先想想自己生活的主题是什么？其实，答案很简单，关注自己，把更多的目光投射到自己应该做好的事情上，而不是用自己的视角去评判他人的是与非。

“礼义廉耻，可以律己，不可以绳人。律己则寡过，绳人则寡和。”姐姐引用曾国藩的这句话与你共勉。

# 草有草的生活，树有树的生命

咯咯大的来信：

学校前段时间组织唱歌比赛，我高高兴兴地报了名。因为老师说希望大家都能积极参与，得不得奖不重要，又不是专业歌手，唱不好也不会有人笑话的，只要想唱、爱唱就可以报名，因为这是学校为丰富大家的课余生活而组织的。可是，我报完名，风言风语就来了，大家说我自不量力，说我想出风头，说我其实只是个陪衬。

姐姐你说，成绩和相貌都平平的孩子难道就不能拥有梦想，就不可以对生活充满幻想吗？这个世界真的这么不公平吗？

写给咯咯大：

你写来的信，姐姐读了N遍。姐姐也在想，这个世界到底是公平还是不公平呢？你说自己是个成绩一般的孩子，可是你一直是个有梦想的孩子，你对自己五彩斑斓的生活充满着幻想。你一直以为只要努力，只要有梦想，你终究会有梦想成真的那一刻。所以即便你的成绩并不理想，可是你依然在努力做好每一件事。

前段时间，学校组织唱歌比赛，你报了名。结果风言风语就来了，很多女孩子凑在一起，说咯咯大可真没自知之明，人家报名的都是各个班的文艺骨干，都是在学校里有头有脸的人物，咯咯大你算是个什么呢？还不是去给人家当分母吗？难道你就不觉得丢人吗？……为什么一件简单的事，竟然变得如此复杂？老师已经对这个歌唱比赛给了最详细、最准确的定义，为什么却要被其他同学曲解？

你问姐姐，你说，姐姐，我是不是真的太过于单纯幼稚了，是不是只配做分母中的一个，是不是没有把握成功的事就不要去做？

心里装满了委屈的咯咯大，姐姐要怎么跟你说才好。

姐姐忽然想起刚刚在湖边散步时的景色。一棵棵繁茂的参天大树下，一株株绿色的小草……姐姐忽然想，假使草儿每天都凑在一起给大树编造着各式各样的花边新闻，然后把眼泪都笑了出来，大树就不再长高了吗？同样，大多数树儿即便不把草儿放在眼里，草儿却依然在每年春风吹起的时候获得新生。

我们都有自己的生活轨迹，有谁会活在别人的话语里呢？

和你一样喜欢做梦的元博姐姐

●元博姐姐的马后炮：

那些喜欢对别人的生活方式指手画脚的人，是应当获取我们原谅的。他们没有明确的目标，也不敢有自己的梦想，他们总是被所谓的条条框框束缚住，总是把生活的境遇看成别人描述的那样。最可悲的是，当他们看见那些同他们不一样的、努力生活、勇敢追逐梦想的人的时候，却以为别人是错误的。

# 情感课

## 我是个懂爱的女生

不管开口的那个男孩是否是你喜欢的那种类型，都请珍惜这属于你的第一封情书，这次告白会让我们意识到原来自己也是有闪光点的，在成长的岁月中我们可以携着这份自信做最好的自我。但同时，亲爱的妹妹，也请你在开口说“No”的时候，千万不要伤害那个男孩，请用善意和尊重表达出自己的内心感受，要知道，喜欢一个人是没有错误的！

## 爱你的人，你伤得最深

亲爱的妹妹：

你在写给姐姐的信中说，你伤害了自己的妈妈，以前的你是和妈妈无话不谈的乖乖女。可是，忽然有一天，你们开始了无休止地争吵。起因是你收到了一个男孩儿写来的情书，决定做他的女朋友。如果妈妈知道你谈恋爱，一定会坚决反对，所以你开始了自己的“地下情”。

妈妈就是妈妈，我们还不会说话的时候，她就能准确判断出我们的内心所想，知道我们的一声哭泣、一个小动作代表着怎样的意义……如今，我们自以为长大，却依然逃不过她的“火眼金睛”。

你的恋情最终还是被妈妈逮个正着！她要你分手，你就和她争吵！她天天要你分手，你就天天和她争吵！

你对我说，当你把妈妈端给你的牛奶使劲儿地摔向地板，当她蹲在地上边擦牛奶边流泪的时候，你一下子傻了！你和自己说，也许是我错了吧！是不是我太任性了？我折磨着自己的妈妈，我的心也绞痛着啊！

从那天以后，妈妈再没有和你说过话，她也不再和你争吵！饭做好就放在桌子上，她会等你吃完再吃……爸爸告诉你，妈妈这次是真的伤心了。

你说你不知道要怎样和妈妈挽回你的过失，你也不知道自己为什么会对她拒绝你的恋爱有那么大的反感，也许以前的自己太乖了吧？

一个乖乖女，忽然变成叛逆女，妈妈怎么会受得了呢？一个从前和妈妈无话不说的跟屁虫开始为了一个小男生和妈妈撒谎，当一切被妈妈知道的时候，你却用一万个借口和理由与妈妈喋喋不休地争吵着……

姐姐想问你，你有心平气和地同妈妈交谈过吗？当她对你的恋爱表现出反感时，你的情绪恐怕比她还要激动吧！你害怕她说出让你们分开的话，因为从一开始你就料到了妈妈会对你的恋爱进行打压。

你让妈妈也疑惑，这是她亲手带大的那个听话、乖巧的女儿吗？她更接受不了你现在的样子啊！即使她对你的恋爱可以持有些放任的态度，在面对这个她面前完全陌生的你时，她会显得更束手无策吧！

为什么那个乖乖女就这样不见了，你有想过吗？你有想过像过去一样好好和妈妈说话，好好和妈妈交谈吗？是的，你已经恋爱了，你已经不是妈妈的那个乖乖女了，你对自己说，你再也不能和以前一样了！

其实，面对这件事你和妈妈最好的解决方式就是坐下来，像以前一样和妈妈说说你的心里话。你要让妈妈知道，你喜欢那个男孩子，你无法拒绝他的追求，在这个恋爱的季节里，你心里渴求爱的种子萌生了，你不想就这样扼杀它！你要让妈妈知道，你会保护好自己，你懂得学习和恋爱在你这个年纪里孰重孰轻的道理……你要让妈妈知道，乖乖女也一样会长大，一样有自己的想法，一样需要成长的空间，希望能够有和家长平等对话的机会，一起探讨生活和人生。

你要告诉妈妈，总有一天自己会长大，要独自来判断这个世界上的人与事。我们的判断不会依照妈妈的喜好，也不会因为自己一时的好恶而有所改变。

请妈妈相信，你依然是过去的自己，一定会摆正学习和恋爱的关系的！

和妈妈一同成长的元博姐姐

# 做爸爸妈妈情感的纽带

亲爱的妹妹：

你说爸爸妈妈的情感出现了危机，他们终日争吵，即便他们会在面对你时故意掩饰对彼此的不满，故意扮恩爱夫妻来讨好你……你说，你不知道他们之间究竟发生了什么，因为男人和女人的感情本来就让人捉摸不透，可是，你真的害怕他们分离，因为你害怕失去一个完整的家！

你对姐姐说，爸爸妈妈都是事业上小有成就的人，他们都很独立，也都要强，曾经的他们是你炫耀的资本，因为你的爸爸妈妈有那么多让你骄傲的光环，可是如今面对他们的情感危机，你却是这般的无助。

姐姐知道，我们每个人都渴望一个幸福和完整的家。因为家本来就该是为我们遮挡风雨的幸福港湾。无论我们在外面受了什么样的委屈，都可以在家里得到安慰和温暖。

姐姐并不知道你的妈妈和爸爸之间究竟发生了什么？或许是你太过敏感，也许他们只是暂时性地闹了些小别扭，也许只是爸爸不小心惹恼了妈妈，也许妈妈只是需要爸爸一个小小的道歉，一句逗她开心的话语……可是，如你所说，爸爸妈妈都是要强的性格，这么多年来就是两不相让。亲爱的，既然这么多年来，两人都是这样磕磕绊绊过来的，是不是你这次太过在乎了呢？

如果是这样，为什么不主动去和爸爸妈妈谈一谈，告诉他们你的感受，告诉他们你的担心，告诉他们你在心里对他们的爱……

小丫头，虽然男人和女人的感情有的时候让人捉摸不透，爸爸妈妈的感情却没有那么复杂，他们首先是爱你的，他们也同你一样爱这个家，他们同你一样害怕失去对方，他们一直一直在经营着彼此的爱和呵护着你，这一点毋庸置疑！

姐姐记得有人曾经这样定义自己和爸爸妈妈的关系——小情人和大情敌。是呀，女儿是爸爸的小情人，妈妈是女儿的大情敌。他们互相关爱，互相帮助，有时却又会互相埋怨……他们的关系，是这个世界上最最宝贵的，是要用一生、用一世、用几个轮回也剪不断的爱和恩情！

亲爱的，我们知道，家是我们生命中最最重要的拥有，我们爱它，珍惜它，也更需要它，我们从小就懂得一个道理，而这个道理又似乎从没有人刻意教过我们——有爸爸妈妈的地方就是家！无论那个家是贫穷还是富有，是金銮殿还是茅草房，那个有爱、有情、有温暖、有欢笑、有最最亲爱的爸爸妈妈的地方就是家！

姐姐想说，有爸爸妈妈的地方是家，那是因为家里还有重要的自己，不要忽略自己在家庭中的重要性，这个家有一个连接爸爸妈妈情感的纽带，就是你自己！

小丫头，学会爱你的爸爸妈妈吧，要让他们知道你的爱，让他们知道你珍视他们对你的爱，同时更希望他们珍视彼此之间的爱。

被爸爸妈妈视若无价珍宝的元博姐姐

# 每个女孩心里都曾有个“他”

亲爱的妹妹：

你说你曾喜欢一个男生整整三年，初中三年的时光你一直在默默地喜欢着他。或许他对你的心思也是懂的吧，所以你们一直是很好的朋友，只是没有说破，三年的时间让你们有了好朋友间心有灵犀的默契。

现在的你们都升入了高中，你喜欢的那个他也在新的学校找到了自己的GF（女朋友）。可是，你总感觉自己还是没能忘记他。因为在现在的学校里你发现了一个和他长得很像的男生，你就经常跟踪那个男生回家，有一次居然被那个男孩儿发现了……你红着脸扭头就跑！好朋友问你，你是喜欢上现在的这个男孩儿了，还是对旧爱念念不忘呢？你却一时语塞……

呵呵，小丫头，你悄悄地跟在一个高高帅帅的男生身后，鬼鬼祟祟，偷偷摸摸……在人家发现你的刹那，你又假装若无其事地跑开，跑得气喘吁吁的，以致涨红了脸颊……

是的，当好朋友问你，你是对过去的那个他念念不忘呢，还是真的喜欢这个现在你跟踪的男生，你不知道怎样回答……你究竟喜欢的是谁呢？三年的心心念念，三年的相伴相随，三年的默契和三年的珍惜，怎能说忘记就忘记呢？

那是年少的你，不谙世事的你，最最真挚和纯粹的小心思和小感情啊……你第一次愿意看的男生的笑脸是他的，你第一次偷偷看的男生的侧脸是他的，你第一次为一个男生脸红是因为他，你第一次因为思念而辗转难眠是因为他，你第一次在日记里写莫名其妙的伤感的话还是因为他……有那么多、那么多地因为他，怎能是可以随便忘记的呢？

小丫头，知道吗，你让姐姐蓦地想起了上高中时的自己，为了和自己喜欢的那个男孩儿制造偶遇，总是会算好时间出门，那个时候姐姐是骑车上学的，然后悄悄把自行车停在男生每天必经的路口对面，等他经过的时候就赶上去。

后来，姐姐终究没有勇气说出那句“我喜欢你”……后来，我们渐渐成了很好的同学和朋友，三年的时光里，我们一起上学一起放学回家，那个路口也成为我们默默的约定……

再后来，我们考上了不同的大学，辗转留在了不同的城市……只是偶尔在繁华的街路看见外貌与他相像的男生，脸上挂着温婉笑容的时候，姐姐的心还是会跳上好一阵子……再后来，我们都遇到了生命中最该珍惜的人，遇见了可以陪伴我们一生的挚爱。

亲爱的，年少的时候，我们每个人的心里都藏着一个阳光的少年，我们把那么多美好的想象都放在他的身上，所以我们也会在很多年里都寻找着他的影子，即便我们只是在追寻着自己心里面的那个影子……

只是时光流逝的年华里，我们最终并不知道自己是否会再次遇见他，如果你遇见了，那么珍惜就好……

喜欢功夫熊猫的元博姐姐

# 谁都可能受爱情的伤

亲爱的妹妹：

你说自己是个小胖妹，你要给姐姐讲讲你这个小胖妹的故事。故事的主人公是你和一个男生。那个男生是你高一时的同学，也是你初中时的后桌。初中的时候他和你的同桌谈恋爱。你对姐姐说，那个时候的自己可能也是喜欢他的吧，不然怎么会那么在意他对你同桌的好，而总是忽略了你。

后来故事里的男女主人公考到了同一所高中，而且被分到了同一个班级，依旧是前后桌。从上高一那天开始，这个他就对她很好。他和她每天一起上学，一起放学，他说他和她顺路，其实是他每天绕路陪她同行。他还会时不时地带些好吃的给她……慢慢地，她习惯了他在她身边的陪伴和围绕。她很自然地以为，他是喜欢她的，同时她感到自己也深深喜欢上了他……

可是，故事里的她遇到了初中的同桌，也就是他初中时的GF。她才知道，原来她依旧是他的GF，他们并没有分手。

于是她哭着去问他，这是怎么回事？既然他没有和原来的女朋友分手，为什么还要对她好？他的回答是，他只是看到她就会想起初中的生活，想起她的同桌——他的女朋友，他说，自己对她好，就像是对心里的那个“她”好一样。他还说，他从来没想过这是一种伤害……

故事到这里就应该结束了……因为接着的文理分科，他选择了文，她选择了理，完全可以不再相见，不再有任何往来。

可是，你和姐姐说，故事到这里并没有结束。那个他还是会时不时地给自己发短信，问候她，还好吗？也会问，她是否还记恨他？

她从没有回答过他的问题……高二下学期开始，她已经完全在时间的推移中释然了。是的，很多事情过去就是过去了，再见他的时候，她可以微笑地点头，而他却在前不久又给她发短信，邀她放学一起回家，她婉言拒绝了。于是，他又问她，你真的还好吗？

姐姐的小胖妹，你问姐姐，自己究竟要怎么做呢？我真的很好，我比任何时候都要好！既然是过去的事情，既然当年是自己有些自作多情，可是那个他，究竟要我怎么做呢？

亲爱的，知道吗，你的小理智和你的小自制力真的让姐姐佩服呢！姐姐在想，也许，那个他只是怀疑你到底有多喜欢他吧？既然喜欢，怎么能说放手就放手了呢？哎，他还真是个超级自恋的家伙。

下一次，就把你的这句“我很好，我比任何时候都好”回复给他。

其实，我们谁没有自作多情过呢？谁没有遇见过自己所谓的爱情呢？谁没有受过爱情的伤呢？不遇到错误的爱情，不遇到错误的人，怎么能让你学会用智慧判断，懂得珍惜那个恰当的人呢？若干年后，你也许会真的觉得这曾经以为的伤害根本算不得什么，而你也会感谢他，让你在痛苦的经历中得到成长。

可是，姐姐不希望你说，你曾经是在自作多情，亲爱的，你并没有错，自始至终你都没有一丁点儿的错，不要让自己背负本不该属于你的“罪名”。

亲爱的，即使我们被伤害、被欺骗，即使你在以后的生活中可能会遇到比这更痛苦的情感纠结，姐姐也请你依然相信，茫茫人海中，终有一个懂得珍惜你，也值得你珍惜的他，而你们终究会遇见！

喜欢维尼熊的元博姐姐

●元博姐姐的马后炮：

从花季雨季一路走来，我们都曾有过自作多情的时候，都曾受过爱情的伤。当发现心心念念的那个人喜欢的不是自己的时候，不如大胆地放手，让时间来冲淡一切，同时骄傲地回复他一句：“我很好，我比任何时候都好！”

# 珍藏属于你的第一封情书

亲爱的妹妹：

你说你收到了一封情书，也许那并不算是情书，只是那个男生在QQ上给你的留言。他说他喜欢你很久，他说他想让你做他的女朋友。

你说，怎么偏偏是他，怎么不是他身边的那个他？你喜欢的人是那个他啊，不是这个他！你说，被人喜欢总是件值得高兴的事，总比被人讨厌强。

你说，你不喜欢他，总不能勉强自己吧。可是，你又问姐姐，怎么拒绝他呢？会不会伤害到他呢？他会不会记恨自己呢？……

是啊，第一次听到一个男孩儿说喜欢自己是在哪一年，姐姐在记忆里努力搜索，却已经真的记不起那是哪年、哪月、哪日了。姐姐只是记得，那是一个一直被姐姐当作哥哥般依赖的男孩儿，但是却不曾对他有任何心动。也是因为他的告白，让我落荒而逃，从此再没有和他说过一句话……可是，我却从没想过是否会伤害他？直到有一天你们问姐姐，自己转身决然而去的身影，是否会让那个男孩儿黯然神伤……

既然我们确定自己不喜欢，既然我们肯定那不是自己喜欢的类型，既然我们知道自己无法点头说“yes”，那我们的拒绝就是最好的选择。既然我们不能因为小小的虚荣，不能因为自己的游移和不确定，不能因为这是自己生命中未曾料想的第一次，而选择接受，那么拒绝有什么不可以？

只是这个拒绝也是该有些小技巧的，你要用善意和尊重来表达出自己内心的真实感受，无论他是一个怎样的男孩子，如你所说，喜欢一个人本身并没有错，被一个人喜欢总比被人讨厌强。

可是，姐姐却希望你能珍惜这第一封属于你的情书，这一次给你的告白，如果你同姐姐一样是一个晚熟的孩子，那么这一次告白，也是在让你发现自己已经长大，也是在唤醒你心底深藏的那份情愫。只是，这个时候的我们应该知道，爱情终是要来临的，我们也该为那一天的到来做好准备。

我们要认真地审视自己，要清楚地知道自己的优点，更要知晓自己的缺点，我们要发掘出自己的闪光点，更要明白自己性格上的弱点；我们要认真地看待自己，更要珍惜和呵护自己，我们可以不是美女，但是我们同样要注意自己的衣着和打扮，我们不一定要衣着光鲜，但是一定要大方得体，我们不一定要魅力四射，但我们一定要清新脱俗。

我们可能是个胖妞，也可能是个苗条的姑娘；我们可能皮肤白皙，也可能一脸的痘痘；我们可能身材高挑儿，也可能是个“拇指姑娘”。但是，所有这一切都不是我们衡量自己优秀与否的重要标准，同样也不是我们争取和获得爱情的必然筹码。

姐姐想对你说，当你内心足够强大，当你让自己达到身心平衡的最佳状态时，当你能清楚地认识并学会悦纳自己的时候，那份本该属于你的爱情，会在丘比特的箭上，轻轻射中你的心。

晚熟得有些离谱的元博姐姐

●元博姐姐的马后炮：

不管开口的那个男孩是否是你喜欢的那种类型，都请珍惜这属于你的第一封情书，这次告白会让我们意识到原来自己也是有闪光点的，在成长的岁月中我们可以携着这份自信做最好的自我。但同时，亲爱的妹妹，也请你在开口说“No”的时候，千万不要伤害那个男孩，请用善意和尊重表达出自己的内心感受，要知道，喜欢一个人是没有错误的！

# 喜欢是件美好的事

亲爱的妹妹：

班里的一个男孩子向你告白了。当他说出“我喜欢你”这4个字的时候，你有点儿发蒙，你问自己，这是不是在做梦，因为这个男孩儿一直让你倾心。

自己一直暗恋的男生，有一天突然出现在自己的面前说，你就是让他心动的那个女生，这是多少小女生为自己编织的完美爱情故事的开头。可是，再完美的开始，也终归只是开始，故事还要继续发展下去……王子和公主开始了浪漫的爱情之旅……

他每天都会写一封信给你。你感冒的时候没有胃口，他会给你买平时最喜欢吃的零食；他的手在冬天冻得通红，你会买热水袋，每天灌好热水交到他的手里……

可是，渐渐地，你发现他哪里是什么王子，他有那么多的缺点，他学习成绩不好，性格倔强，甚至和老师对抗。虽然对你好，可是对其他人却并不友好，不喜欢和人交流，在同学眼里有些小孤傲，很多同学也因为这个不大喜欢他……

然后，你的小纠结就来了，这样的一个人，值得我喜欢吗？不擅言谈，待人也不热情，不轻易接受别人的意见，对老师的话更是有选择地接受，甚至干脆对老师的教诲充耳不闻。

就像你说，他会在你没胃口时给你买你最喜欢吃的零食，他会给你写最最温柔的话，你会在寒冷的冬天惦记着他的手是否冰凉，你在心底牵挂着他的一切……

两个人彼此倾心，两颗心彼此牵挂，你们互相依靠着一路同行，彼此守望着对方的成长……亲爱的，喜欢一个人是一件多么美好的事呢？被一个人喜欢又是一件多么幸福的事啊！

姐姐想说，故事在完美的开场后，需要彼此的珍惜才能发展下去。你要做的事，是如何让这个喜欢你、你也喜欢的男孩子开心起来，让他学会接纳别人也被别人接纳。而不是，你为了看起来和大家一样，“随波逐流”地站到他的对立面去。

我承认，对于年少的你们，这句“我喜欢你”并不是一句难说出口的话，你可以仅仅因为他的帅气而去找他告白，你可以仅仅因为他的忧郁眼神而去找他告白，你可以仅仅因为他的装酷而去找他告白，你可以仅仅因为他的小聪明和会讨女孩子喜欢的小手段而去找他告白，你甚至仅仅因为你们三次以上的偶遇就喜欢上了他……

在姐姐看来，无论这个情愫的开始是简单还是复杂，当这喜欢的情愫在我们心底滋生的时候，都满载着憧憬和喜悦，心底总是带着那抹温柔的底色，这一切都是如此美好，美好到我们除了美好都不知道还能用什么样的词语来形容它！

可是，亲爱的，当“喜欢”在心底滋生的时候，你是不是不要太心急，不要急着去告诉那个让你心动的他，等一等，让自己确定一些，再确定一些……这样，你就可以把这份情愫在心底保存的时间长一些，再长一些，这样你才有更多的时间去判断，那个让你一时心动的他，会不会成为你心里那个王子的化身？

有些内敛的元博姐姐

# 自作多情没什么不好

亲爱的妹妹：

你知道吗？姐姐在看你来信的时候，对着你的信轻轻地笑出了声。你真是个可爱的小姑娘呢。你说，有很多男孩子喜欢你，你还算得上是可以用漂亮来形容的女孩儿，成绩也不算赖。但是你却总喜欢用有多少男生喜欢你来评价自己的价值，你的好朋友对你的想法嗤之以鼻，你在好朋友的打击下，也心虚地问自己，这想法是不是有些浅薄？你说，如果没有男生的关注你就像少了很多动力，你喜欢被人宠爱的、欣赏的目光……

姐姐好像有很多话想对你说，想语重心长，甚至想有理有据地分析，说你这姑娘是有些自卑的呀，你还在别人的认同中认识自己……可是，姐姐想到这里的时候，忽然停住了，姐姐想起了自己的一次经历。

姐姐有一天乘公交车出门，一个小孩子指着途经的体育场对抱着自己的奶奶嚷着，那是北京！那是北京！奶奶很是困惑地顺着孩子手指的方向望去……孩子说，奶奶，看那个环（体育场外面墙体上的五环），那不就是北京吗？奶奶耐心地给他讲，北京很远，这里是长春，不是北京，不是有五环的地方就是北京，等你长大了带你去北京……听不清奶奶还在和孩子说着什么，孩子只是一脸迷惑地看着奶奶，还念叨着，怎么不是北京呢？是北京呀……

车经过某行政管理局的时候，孩子指着国旗说，这里是北京，是北京！奶奶继续给孩子解释，这里不是北京，是长春，不能看到有国旗的地方就认为是北京呀！孩子一脸的迷惑，那清澈的、好奇的、困惑的、不解的眼神可爱至极！

也许在孩子的心里，他仍然认为这一天，他见到了两次北京，他不明白，明明那里就是北京，为什么奶奶说不是，为什么奶奶说，要长大了才能去北京……

姐姐当时一直在想，要怎么给孩子解释呢？或者根本就不用解释吧，孩子有孩子的世界，孩子也应该活在他的那个美丽世界，何必告诉他这里不是北京，何必跟他说他生活的城市名字叫长春，何必说要等到长大才能去北京？……这些问题长大以后他自然就会明白，为何不让他活在自己的美丽世界里，为何不让他在自己的奇妙幻想里多待些日子，告诉他今天是值得高兴的一天，因为今天他见到了两次北京……

就像你们问姐姐，自己怎么有如此浅薄的想法，自己身上怎么这么多想改也改不掉、想戒也戒不掉的坏毛病，怎么能让自己的内心足够强大，怎样能不这么轻狂和脆弱……

此时的姐姐，只想说，这是因为你们年轻，因为你们正值年轻，你们才会有如此的特质呀。正是因为你们渴望成长，你们才在不停地思考如何让自己变得更加成熟和坚定！亲爱的，年轻的时候，有些自作多情没什么不好，只要我们知道那不过是我们的小虚荣和我们小小的对自己的不确定……

在孩子的世界里一天遇见两次北京的元博

# 我们对亲密要有更多的宽容

亲爱的妹妹：

我们是不是都遇到过这样的问题，或者正经历着这样的小纠结，明明彼此欣赏，彼此有好感的两个人，真正在一起开始交往以后，却发现对方身上原来有那么多让自己受不了的缺点。没有了距离的彼此，在对方心中的美也逐渐消散了。

想想我们为什么会因为爸爸妈妈的小批评和小误会就摔门而去，就蒙被大哭，就大吵大闹；想想我们为什么会和自己的同桌过不去；为什么最后反目成仇的都是当初彼此交往最深最信赖的朋友；为什么曾经深深喜欢着彼此、深爱着彼此的人最后会恨得痛彻心扉……

因为当我们感觉彼此的关系亲近的时候，我们就理所当然地会增强对对方的期望值。

姐姐上大学的时候，一直很欣赏自己的一位学姐。她可以说是我大学四年里的偶像。那个时候，她是班长、学生会主席、社团负责人……一系列的光环围绕着她。她和善、聪慧、干练、很有在学院里叱咤风云的味道。任何活动，只要由她组织就一定会受到一致的好评。而我们的关系，因为是老乡，又毕业于同一所高中，在学生会的工作中互相配合，所以一直很愉快。那个时候的我一度认为她是我见过的最完美的女子，是我的好姐姐，甚至是我生活的楷模。即便我从和她同班的同学那里听到了很多对她不好的评价，我也会觉得那不过是一些平庸的人对优秀的她的嫉妒罢了。

后来我在毕业前夕实习的时候，和她有了近距离的接触。实习单位离家很远，而我碰巧得知她租住的房子与我实习的单位仅隔一条马路。一直对她崇拜的我，在征得她的同意后兴奋地搬到了她租住的房子。起初她像一个姐姐呵护妹妹那样每天都会精心地为我准备一日三餐，甚至我的衣服她也会在周末，我还在睡懒觉的时候为我洗好。可是时间长了，我们却开始彼此讨厌，她习惯早起而我喜欢熬夜睡懒觉，她总是会很早叫我起床，甚至对我的生活习惯表现出不满，而我很看不惯她的家长作风，好像全世界只有她完美，从来不能容忍别人对她提出意见……

毕业以后的很多年里，我们失去了联系。前不久她来长春出差，我们聊起当年的往事，不禁感慨，其实，我们哪里是减少了对彼此美好的印象呢？对方的优点，我们依旧可以一一细数出来，只是因为关系的亲密而发现了对方身上不曾被感知的缺点，我们是接受不了曾被赋予了那么多美好定义的对方身上竟然有这么多的缺点呀！

就像我们和亲密的她（他）开始彼此厌倦，彼此厌恶一样。当我们开始挑剔对方，当我们因为没有达到对方的期许而受到指责的时候，是因为我们的关系已经不再遥远！而我们对亲密的人应该有更多的宽容。

喜欢DIY美味给家人的元博姐姐

# 爱，请及时说出口

亲爱的妹妹：

你和姐姐说，你是那么那么喜欢他，可是每次见到他的时候，你却没有勇气表达出内心的情感。你不敢说，你说自己真是没有这个勇气，你怕说了以后，你们就不再是朋友，或者从此成为陌路……

你问姐姐，要何时说出你对他的爱。是啊，你是那么那么地喜欢他，可是每次见到他的时候，你却没有勇气表达出内心的情感。你不敢说，你怕你的“我喜欢你”说出口的时候，遭到他冷漠的拒绝；你怕你的“我喜欢你”说出口的时候，你们就此成为陌路；你怕你的“我喜欢你”说出口的时候，你们再也不是无话不谈的朋友……你更害怕你的生命从此与他不再相干。

我亲爱的妹妹，你的话让姐姐的心轻轻泛着酸，你喜欢他，这种感觉轻盈而美好，然后你把自己放得如此的低。张爱玲说，她爱他，所以“见了他，她变得很低很低，低到尘埃里，但她心里是欢喜的，从尘埃里开出花来”。你喜欢他，如我们每一个人在面对自己喜欢的男孩子时一样，我们在他的面前变得安静而患得患失，我们可以和别人高谈阔论，可以在别人的面前趾高气扬，可是见到他的时候，我们却需要对他惶恐地仰望着。

我们说，喂，我是那么崇拜你，可是却不敢说，嘿，我是那么喜欢你。于是我们看他喜欢读的书，和他的哥们做好朋友，偷偷看他打篮球，关注着他的所有，包括关注他喜欢的女孩子。我们会为了他的一句问候和微笑而高兴一整天，也会因为他一个冷漠的眼神，或者一点点怠慢而眼泪决堤。

可是我亲爱的妹妹，你既然保存着这样一份美好而又纯洁的爱恋，为什么不大胆地走到他的面前，告诉他，“我喜欢你!”

女孩在十几岁的时候不带有任何世俗观念地喜欢上一个男孩儿，这是值得珍视的情感。即便他轻轻地摇头说，对不起；即便他带有嘲讽地说，你，喜欢我？哈哈！……那又能怎么样呢？我们喜欢一个人，或被一个人喜欢都是一件单纯而美好的事。

爱，要及时说出口，等你长大时才不会为曾经的怯弱而遗憾。不会当有一天，你们彼此的生活不再有交集的时候，偶尔遇见，却只能是轻轻地微笑，问候着，你好吗？然后，在转身离去的时候泪流满面。喜欢是一种很美好的感情，爱，请及时说出口，无论结果如何，我们都可以带着这种很美好的感情上路，以后我们一定会在恰当的时候遇到恰当的人。但最初的这种喜欢，一定是我们心灵深处的那抹暖色，陪伴着我们走过人生的风风雨雨!

不具有暗恋素质的元博姐姐

●元博姐姐的马后炮：

亲爱的妹妹们，姐姐在这封信中的意思不是鼓励你们去大胆爱，也不是让你们在花季、雨季就集中全力去培育自己的感情之花。这个时候，我们能够把精力集中在学习上是最好的了，毕竟学习是我们的主要任务。可偏偏遇到了自己喜欢的人，那能怎么办？与其让暗恋折磨自己，不如大胆说出口，没有必要计较结果，请珍藏这段最纯洁的感情上路，沿途一定有更好的风景在等着你！

# 友情也需要用心经营

亲爱的妹妹：

你说自己又和好朋友闹了别扭，你们原本那么好，却又总是在彼此不停地伤害着。是啊，为什么我们如此珍惜的友谊却总是带给我们那么多烦恼呢？

我们会因为一个无心的玩笑而吵架，会因为一次爽约而指责对方，会因为当我们和某个谁争论不休时她没有站在自己这一边而怀疑她是否真心对自己好，会因为我们在取得好成绩时她没有表现得更加兴奋而怀疑她的用心……

其实，友情同这世界上的任何一种情感一样都是需要我们用心去经营的。如果我们因为玩笑而吵架，那就要看看这是个什么性质的玩笑，这个玩笑是不是开大了，是不是无意中触动了好朋友内心最不想让人触碰到的地方，如果错在我们，那就理所当然地要主动道歉。如果好朋友偶尔忘记了我们，偶尔疏忽了联系，我们要主动问候，她们也许遇到了麻烦，正需要我们的帮助。而如果这个时候的你，却依然纠结在她疏忽你的原因上，依然站在自己的角度想问题，那你首先就不是个称职的朋友！还有，我们的好朋友如果真的对我们取得的成绩表现出了嫉妒，我们也要理解她，我们可以理解外人的妒忌，为什么不能允许好朋友稍微心理不平衡呢？

在寒冷的冬季里，两只刺猬很冷，于是想出了一个办法，它们靠在一起互相取暖。于是，两只刺猬迅速地移向对方，结果彼此被对方扎得鲜血淋漓。后来它们慢慢地向对方移动，让对方的刺只是轻轻碰到自己的肌肤，这样就能既取暖又不伤害到对方了。

好朋友的距离就像是这两只刺猬的距离，不能太近也不能太远，要选择合适的距离给彼此，而这个合适的距离，是需要彼此付诸智慧才能找到的。

亲爱的，不要以为好朋友就是要时刻陪伴着自己，如果你对好朋友的定义是陪伴，那你仅仅是需要一个抵御孤单的玩伴，而不是一份友情；不要以为好朋友要时刻记挂着你，她不是你，你也不是她，你都会偶尔丢失自己，有什么理由不允许她暂时忘记你呢；不要以为好朋友是自己的专属，除了你，她还应该有更多的朋友，就像你，也不该仅仅只有她一个好朋友；也不要以为好朋友就要一辈子相亲相爱、不离不弃，我们在人生的不同阶段会遇到不同的人，对朋友也会有不同的需求，我们也自然会拥有不同的朋友。即使因为求学、工作等原因，我们和曾经的朋友分开了，但友情会一直存在的！

用爱和宽容，用真诚和坦诚，来经营我们的友情吧。一份好的友谊是我们一生都值得珍藏的财富呢！

把友情视为财富的元博姐姐

# 朋友真的难原谅

亲爱的妹妹：

你和姐姐说，你无法原谅你的好朋友，那个曾经你一度认为是自己最好朋友的女孩儿却对你没有起码的信任。相交10年的朋友，即便有再多的不舍，你也依然想要放弃！

在你心里，彼此的信任是维系友情最重要的纽带，可是你却发现，那个你一直珍惜一直信任的朋友却根本不像你信任她那样信任你。当她因为对你的误会，当你的解释在她的面前显得苍白无力的时候，她丢过来一句让你心寒的话，我们绝交！

你问姐姐，10年的友情原来竟是如此不堪一击，既然是这样，自己还能有什么选择呢？只好安慰自己是用10年的时间来看透这个女孩儿的心吧。原来，她的心里不曾装着对自己的信任和尊重。

可是，后来真相大白。她回来挽回你们的友谊时，你却真的不想再原谅她。你对她说，对不起，我回不到过去，我无法原谅你了，最起码现在无法原谅。

是的，你付出了10年的真情，却没有换来她完全的信任，你的心忽然被冰冻了，你问姐姐，自己是不是太小心眼儿，是不是不应该这般绝情，是不是应该……

亲爱的，你想要怎样呢？你应该怎样呢？你用10年的时间去珍惜的人，却并不同样珍惜你，你所有的伤心和难过都是理所应当的呀！

记得有一则故事叫《朋友比不上敌人》，姐姐把这个故事说给你听：

B在街上遇到以前的一个好朋友，他说："我故意掉头走了，不让他看到我，何必要大家碰头，然后虚伪地演一场戏？我不会原谅他从前出卖我，他也应该心知肚明。”

过了数天，B在街上遇到他的敌人，这个人以前曾经做了很多事情攻击他。B看到他，不但没有避开他，反而上前跟他打招呼，两个人客客气气地寒暄了几句。B说：“算了吧，他以前这样对我，也是为了自己的利益，人总是自私的。”

原谅敌人往往比原谅朋友容易。

我们从来没有对敌人付出感情，但是对朋友，我们也许付出了最真挚的感情。付出了，就希望得到回报。

原谅敌人，那是风度和气量的表现。我们可以原谅一个敌人，就是自觉站在比他高的位置，有权力赦免他，甚至可怜他、原谅他，就是不跟他一般见识。

但我们对朋友却是很苛刻的，原谅他，就是纵容他，就是自认是傻瓜。他知道太多关于我的事了，我对他的要求是不同的，他对我也应该有别于其他人，所以朋友对我们不好，是很难原谅的。

当朋友伤害我们的时候，我们真的无法一下原谅，因为我们那些付出的真情就这样付诸东流，亲爱的，姐姐想说，当你无法原谅朋友时，不要自责，这是人性。

既然此时此刻，那个芥蒂还在我们的心里滋长呢，我们何必要违背内心强颜欢笑，我们曾经用真心和坦诚来经营友情，我们现在也依然要用真诚来面对自己的内心！

喜欢交朋友的元博姐姐

# 当青春期的“你”遭遇更年期的“她”

亲爱的妹妹：

16岁的你，和46岁的妈妈一个正值青春期，一个正值更年期。你说自己16岁，正是欣欣向荣、蓬勃发展的黄金时期，可你的妈妈呢，却总是乱发脾气、神经兮兮，那个温柔贤惠的妈妈一下子就180° 的大变样。

你染个头发，她恨不得把你的头发拔干净，可是，小时候妈妈却主动带你到理发店给你烫个很潮的洋娃娃卷；你交个男朋友，妈妈就给那个男生打电话，让人家离你远一点儿，可是，记忆里，她还主动和你谈过挑选男朋友要有怎样的眼力，而这个男生正应该是你们敲定的类型，那个时候，你觉得妈妈真好，如此开明，如此智慧，可是，现在的她却这般地无理取闹；你说，你以前考试考不好，妈妈会安慰你，你趴在床上一个人哭泣的时候，她会默默坐在你的身边，可是，现在你的成绩不理想，她会使劲儿把你的卷子摔到地上，狠狠地骂你不用心……

亲爱的，你知道吗，姐姐和你一样在青春期的时候经历了妈妈的更年期，那个时候，姐姐的妈妈也是同样让姐姐感到陌生，那个温和的妈妈，那个从不爱发脾气的妈妈却常常显得烦躁。这个时候的我们却正处于最活跃最猛烈的成长阶段，我们对自己对世界有强烈的好奇心，我们渴望了解自己更渴望了解世界，我们的自我意识也在这个时候逐渐增强，我们不再是凡事都听妈妈话的小孩子，任何事情我们都要自己想一想，自己判断一下。这个时候的我们也同样会烦躁、会情绪不稳定、会多愁善感。

青春期是我们生命的黄金时期，因为它是我们的生命正通往欣欣向荣的标志，而更年期呢，更年期是中年走向老年的时期，是体力、脑力及健康状况都逐渐衰退的开始……这个时候的妈妈们，有着巨大的压力，她们不仅要扮演好妈妈的角色、妻子的角色，还要做好女儿、好儿媳，她们还面临着事业发展和职务上晋级的压力……

姐姐在青春期，妈妈在更年期的时候，姐姐如你一样不懂得这些知识和道理，所以妈妈脾气不好的时候，我的脾气会变得更暴躁，不知道这个时候的妈妈需要安慰、需要关怀，以为她不懂得关心自己就不是称职的好妈妈。

亲爱的妹妹，我们的妈妈把生命中最最美好的时光给了我们，她们用生命中最最美好的时光来孕育和养育我们，当我们长大的时候，我们在逐渐迎来生命中的黄金时段，她们却在走向衰老，是我们偷走了她们的年轻和美貌，是我们偷走了她们全部的情感和温情，是我们偷走了她们原本属于自己的心……可是，青春期的我们，却正在用自己的年轻和妈妈的年老对峙，一步也不肯退让。

其实，更年期的妈妈所经历的阶段才是女性生命中最最重要的时期，因为迎接生命的衰退要比迎接生命的繁盛更需要勇气和信心。

这个时候的我们，要帮助妈妈，要力所能及地分担妈妈的家务，分担妈妈的坏情绪，要多多搜集些关于更年期的相关知识，要让妈妈在女儿的爱与理解中安然度过她生命中的这个阶段，要做妈妈最最贴心的小棉袄！

喜欢陪妈妈逛街的元博姐姐

# 当友谊遭遇“第三者”

亲爱的妹妹：

你陷入了三个人的友谊困境，你感到疲惫感到纠结，你不明白为什么你们三个人不能和睦相处，而总是会两两联手故意抛弃另一个人。你会是那个被抛弃的，也会是那个可以联手的，可是这似乎又不是你的本意。

三个人的友谊，的确是有些小怪的，小A最初因为喜欢小B而想和小B成为朋友，可是，小B那个时候还有一个相亲相爱的小C，这个时候问题就来了，小C是从骨子里排斥小A的，我和我亲爱的小B玩得好好的，你小A居然冒出来和我抢！我想告诉你，我不乐意，我很不乐意！

我们谁愿意把本来属于自己的东西去和别人分享呢？友情也是一样的，我们不愿意和别人共享一个朋友，我们只希望有一份属于自己的独占的友谊。

接着，只要小B对小A有些好，或者小A对小B的好显得有些暴露，你这个可怜的小C就开始胡思乱想了。一定是小A说了你的坏话，一定是小A又用了什么小心眼儿，一定是小A又在扮可怜，说自己多么需要关心，多么需要爱护，说自己多么需要和小B在一起……

可是再发展下去，你觉得小A也没那么讨厌啦，她会把好吃的东西好玩儿的东西和小B分享的同时，也不忘记你；会在你感到小失落和小伤感的时候，主动牵起你的手说，我们是相亲相爱的超级无敌三人组！倒是你的小B因为你的小脾气，总是批评你小气……于是，你渐渐开始喜欢亲近小A，有的时候会讨厌你的小B，因为她不懂得顾及你的感受，她再不会在小A来找她的时候，像怕你吃醋一样连忙拉起你的手，而是会和小A说，她周期性情绪低落，不用理她啦！

再后来，你开始适应了三个人的友情，你想就这样相亲相爱下去吧，可是，你们似乎却总是会陷入两两联手故意抛弃另一个人的困境，而你也不是最初那个被抛弃的了，你会和她们中的谁一起抛弃另外一个……怎么了，怎么三个人的友谊有些混乱了呢？

呵呵，傻丫头，姐姐说过，友情是需要用心经营的。姐姐说的友情可不是单单指两个人的友情啊，三个人的也是一样！需要我们在彼此的磨合中逐渐适应对方，三个人在一起要比两个人在一起需要付出更多的爱与关怀。女孩子的心思都是敏感的，你害怕被冷落被孤单，你的另外两个朋友也是同样感觉呀，你会因为她俩的一句悄悄话，一个你不懂的眼神交流而胡思乱想，她们又何尝不这样呢？

姐姐在想，三个人的友情存续，可能最需要的是给你的另外两个好朋友留有空间吧，不要把你们中任何一方想象成是谁和谁友情的第三者，三个人的友谊中彼此尊重和理解显得更重要呢！

和好朋友相亲相爱的元博姐姐

●元博姐姐的马后炮：

三个人的友情的确有一点儿小怪，尤其处于青春期的女孩子心思都是敏感的，难免会因为另外两个人一句悄悄话、一个自己不懂的眼神而胡思乱想。你害怕被冷落被孤单，她们也同样害怕呀！姐姐想说的是，三个女孩子相处的时候，你可以偶尔发一点儿小脾气，但请不要主动去孤立某个人，谁都不是谁的第三者，在成长的道路上，还是学会用尊重和理解去呵护友谊之花吧！

# 我们都有自己的路要走

亲爱的妹妹：

我们这次聊的话题是不是显得有些沉重？你和姐姐说，你刚刚和男友分手，心里有着那么多那么多的不舍，你说你们还有那么多的约定没有兑现，你们一起去书店买来的书，你还没来得及读，你为他折的纸鹤还没有折到1000只，你们说好的考入同一所大学，去一个冬天会下雪的城市，你要他为你戴上可以温暖心窝的围巾，而你和他约定的美好未来，却成了幻影……

你说你曾以为只要两个人愿意在一起就没有什么过不去，只要认定了远方便只顾风雨兼程，当时在爸爸妈妈的反对中，在老师的教育中，在那些风言风语中，即使半路杀出个程咬金，你们也都挺过来了。可是，为什么当一切都平静之后，当经历过风风雨雨的你们终于走向风平浪静的时候，却无法再一同走下去了呢？

亲爱的，年少时候的爱情有多少是可以一直一直走下去的呢？年少时的我们，哪里有勇气和有能力可以给彼此一个相约在未来的承诺呢？生活和生命都有那么多变数，连自己都不能确定的我们，怎么能去给对方一个确定的诺言呢？那些曾经说着要在一起的人啊，最终真的都散落在天涯！

姐姐的一个朋友曾给我讲过她上高中时的故事，她和那个男孩是网友，那时她读高二，他上大学二年级，他们第一次见面的时候，她就被男孩儿深深地吸引，她相信男孩也是喜欢她的。可是当她伸出手想牵住男孩儿手的时候，男孩儿却把手收了回去。

后来的很长一段时间，她的成绩开始大幅下滑。男孩儿知道后，带着自己的女朋友把我的朋友约出来，介绍自己的女朋友给她认识，他长相平平的女友是重点大学的高才生，大学二年级的时候就已经开始申请出国留学，并且雅思考出了7.5分的好成绩。

我的朋友觉得男孩儿是在故意刺激她，于是开始发奋学习。她和我说，她当时的想法也简单，你喜欢成绩好的女孩子，你喜欢聪明有才气的女孩子，那么，没有问题，我一定能成为这样的女子，而且我还要是光鲜亮丽的才情女子。

后来我的朋友考到了上海的一所重点大学，毕业后以全额奖学金申请到去加拿大某所大学继续深造的机会。在加拿大遇到了她现在的爱人。我的朋友说，她和那个男生在她即将大学毕业的时候偶遇，男孩开着玩笑说，当年的自己真的很想牵起她的手，可是他不能，因为他知道她还有自己的路要走……她也轻轻地笑着，当成玩笑听着，心里却是酸的……

如果不是那一次拒绝，如果不是男孩儿的“刺激”，她怎会有今天这一次美好的相遇。她说自己在寻找一棵树的过程中，却遇见了整片的森林。

亲爱的，我们都还有自己的路要走，既然不能同行，就不要彼此羁绊吧。而在我们人生的路途中，其实一直有一个男孩儿与我们同行，在某一个平凡而平静的日子，转角，遇见，相爱，牵手终生……

喜欢右边脸上小酒窝的元博姐姐

## 如果等不及就永远等不到

亲爱的妹妹：

爱上一个人有错吗？当你说出这句话的时候，我知道你的心底正有着被撕裂的疼痛。你问我，为什么你总是不能爱上对的人，不能爱上一个也同样爱你的人。

其实，姐姐在心里是多么不愿意听到你说这个“爱”字呢。姐姐不想你在16岁就让你的爱泛滥开来，爱要给那个值得你说爱的人，爱要等到那个也在等你的人。

没有人敢说自己可以命中率百分之百的遇到那个人，谁都会有失误和偏差，谁都会经历几场错误的遇见，或许是错误的人，或许是因为时间和地点的不正确带来的错过。可是，我们每个人都是《小王子》故事里那只等爱的狐狸，在等待生命中也许并不华美却是最终的那场遇见。而这个过程中，没有人知道你要路过怎样的风景，也没有人知道你要经历怎样的故事……

姐姐很喜欢一个童话故事，也许这个故事正适合内心满是伤痛的你。

一只兔子，仿佛是为爱而生的，他从他的家乡走来，到过许多地方。在一个山丘，他曾见到过一头猪。他是一只把一切都看作缘分的兔子。认识了猪后，兔子感恩于他和猪相依相偎的感觉。一天，他真诚地对猪说："我爱你！"猪听了他的话，翻着白眼盯了兔子一会儿，转身跑了。猪跑得飞快，仿佛受到了很大的伤害……

在一个城市，兔子认识了一只狗。那是一只流浪的小狗，他陪小狗一起觅食，一起晒太阳。在确信了自己真的喜欢小狗，也确信了小狗对他的依恋后，一天，兔子用溪水洗过脸，偷偷地塞给小狗一根骨头，他害羞地问小狗："我，我可以爱你吗？"小狗听了兔子的话，正啃着骨头的嘴停了下来，转身走了。从狗扔下的骨头，兔子感觉到，小狗很生气，好像受到了很大的污辱似的。

兔子很难过，他表达的是爱的语言啊！

后来，后来……

兔子在一个草原上遇到了另一只兔子。他们一起登山，一起追逐同一只蝴蝶，一起在山顶上听风声，一起把早起的太阳误认作一只大烧饼追逐。他们之间是那样的默契，那样的心心相印，但是，因为他曾经被猪和狗伤害过，一个"爱"字让他久久不肯说出口……终于有一天，在一个月白风清的夜里，兔子盯着圆圆的月亮忽然看到了月亮中那只孤单的兔子，他啃着胡萝卜，突然哭了，他觉得月亮中的那只小兔子好孤单啊，她感冒了有人给她擦鼻涕吗？她老了有人给她嚼胡萝卜汁吗？她过生日有人给她扎蝴蝶结吗？兔子哭的声音很大，他越哭越痛，越哭越放肆，最后干脆站到山顶上痛哭起来……

另一只兔子也哭起来，开始是嘤嘤嗡嗡的声音，后来也跟着大哭起来。

"你哭什么？我哭你也哭！"先哭的兔子忍不住大喊道。

"我知道你哭什么！你哭我也哭！"后哭的兔子瞪着红红的眼睛说。

“你知道什么？”兔子说。

“我知道！”兔子说。

“你说说你知道什么？”兔子说。

“你知道我说什么！”兔子说。

两个兔子越吵声音越大，越吵走得越近，突然，他们紧紧抱到了一起。两张嘴同时趴到两个耳朵边小声呜呜咽咽地说：“我爱你。”

他们没想到竟是同时听到对方说的话，他们没想到对方说的正是自己想要听的话。他们紧紧地抱在一起，恨不得让山下的猎人此刻都来到这里，同时举起手中的猎枪……

兔子奇怪，同样一句真挚的话，那只猪、那只狗为什么像受到了伤害一样？

兔子不知道，只有兔子才懂得兔子的语言！

讲真诚的话说给异类，即使是美丽的语言，也会给对方造成伤害。

亲爱的，姐姐只想说，耐心等待属于你的爱情吧！

喜欢《小王子》的元博姐姐

# 女孩儿首先爱自己

我的妹妹：

那天，你爸爸来找我，许久都没有说一句话。他垂着头，对我说你谈恋爱了。我微笑着安慰他，说你是大姑娘了，懂得追求爱是件好事呀。可是他的神情是那么的不安，他说你18岁正高三，正是该把心思都放在学习上的时候，可你偏偏在这个时候爱得不能自拔。

姐姐和你在一个大院里出生，一个大院里长大。你小的时候喜欢跟在我后面，总是使劲儿地喊我姐姐。后来你上了小学，升了中学，再后来你考上了现在的重点高中进了重点班。

还记得你刚上高中那会儿，信誓旦旦地和我说，你一定要考上重点大学，将来还要出国留学，一定得超过我这个姐姐。还记得，我第一次失恋，一个人闷在房间里落泪，你站在门外冲我喊，真是没出息，不就是一个男生吗？这个世界，三条腿的蛤蟆不好找，两条腿的男人满地都是呀！如果我没记错的话，那时你刚刚上初二，没想到你居然像一个饱经沧桑的老女人一样满口大道理！

可是，如今，你一样逃不过爱情这一劫！道理都是用来安慰别人的，却不能安慰自己吧。

你爸爸告诉我，你凌晨1点多趁爸爸妈妈睡着的时候跑出去和那小子约会，三四点钟才回家，然后继续安然入睡。而且为了保护现场，你逃走的时候是不穿鞋的，那小子会带一双鞋来接你。

呵呵，听到这儿的时候，我居然呵呵地笑着，真是你的作风，那个风风火火、敢爱敢恨的小丫头。

你爸爸请求我去和你谈谈，在他的眼里我算个懂教育的人。可是，所有的道理，你不是也一样懂得吗，如你初二那年，站在失恋的我的门外，冲我喊的话。

亲爱的，人总会有被自己所谓的爱情冲昏了头的时候，只能等自己冷静下来吧。况且一辈子都不曾有过昏了头的时候又是一件多么可悲的事呢，所以姐姐并不想骂你的。

我亲爱的妹妹，姐姐可以理解你，正是因为你18岁，所以你所有的年少轻狂姐姐才都可以理解，所以你所有的不可思议才都可以被原谅！可是，不要忘记，你刚上高中的时候在姐姐面前发的誓言。姐姐不希望，你在18岁的时候就忘记了自己的梦想！

只是现在，你的爸爸没有办法接受，一个被大家公认的好孩子，怎么就不听父母的劝告，恋爱到如此痴狂。哎！其实这和是不是好孩子有什么关系呢？这就是人性，谁也泯灭不了的人性呀。

其实，这个时候姐姐倒是有些话要对爸爸妈妈说，先不要急着呵斥孩子，不允许她与异性继续交往，也不用讲所谓的爱情先放一放、要以学业为重的大道理，而是应该告诉她，要学会保护自己，不能让自己的身体受到伤害。

女孩儿，任何时候，都要先爱自己，更要懂得珍惜自己！

希望你找到属于自己那份爱的元博姐姐

# 好朋友是用来“祸害”的

亲爱的妹妹：

你给姐姐写来信，你说你太过在乎你的朋友。你们高一开始在一起，无话不谈，是那么好的姐妹。可是，慢慢地，你却在你们的感情越来越深厚的时候开始害怕失去，在亲密的背后，你渐渐有了距离感。

在别人的眼里，你们是最最要好的朋友，可是你却感到你和亲爱的她在一起的时候显得不够自在……

你说，你想让她更多的感受到你对她的关心，你想让她知道她是你心里分量最重的朋友，你希望她懂得你的在乎，也希望她能同样珍惜你们的友谊！

姐姐想问你，你是不是太过在乎你的朋友了呢，在乎到你似乎都忘记了自我。你太在乎她，以至于你不能在她面前完全表现出你自己，以至于你不能完全放开你自己。你害怕说错话，做错事，因为在你的心里能有一个如此好的朋友不容易，你不想失去她，更不能允许自己失去她！

知道吗，亲爱的，你们是最好的朋友呀，最好的朋友是什么呢？最好的朋友就该是用来“祸害”的。我们在别人面前显得懂事和乖巧，我们在别人面前温婉而谦和，我们在别人面前用不漏齿的淑女笑容表现出友好……可是我们在最好的朋友面前却可以无理取闹，我们在最好的朋友面前根本不需要谦虚也不需要友好，我们即使把自己最讨厌的样子完全暴露出来也不用担心她的嘲笑……

她知道你是个爱哭鬼，她知道你是个大馋猫，她也知道你小气，你爱发脾气，她还知道你和她喜欢同一个男孩子，她更知道你在看到她的名次又在进步，又把你落下一大截的时候你心里的妒忌滋生着，你故意不和她一起吃午饭，你故意在她和你说话的时候假装没有听见，你故意弄脏她满分的卷子，却说自己真不是有意的！

她知道你在她生病的时候，跑到天台对着天空祈祷，你说，你愿意为她分担所有的痛苦；她知道，你们一同喜欢的男生向你表白的时候，你因为害怕她伤心而拒绝了；她还知道，你一个人猫在被窝里哭了整整一个晚上……她也知道，你为了自己的成绩能有进步，背着她偷偷在周末报了补习班，却撒谎说自己在家睡懒觉……

她都是知道的，可是她依然愿意做你最好的朋友，依然假装着什么都不知道！这才是真正的好朋友呀！

就算全世界都以为你是狗尾巴草，她依然把你当作这个世界上最最香艳的百合花，这就是最好的朋友，因为第一眼的认定，便愿意接受你所有的不完美，因为第一眼的认定，便愿意和你一直相亲相爱，不离不弃！

亲爱的，好朋友就是要祸害的，你还有什么放不开呢！

忽然很想念好朋友的元博姐姐

# 倾听是一种给予的力量

亲爱的妹妹：

你最好的朋友失恋了。你知道在这段感情中她付出了太多太多，她不停地哭泣，你却只能是轻轻地拍她的肩膀，你说你不知道要说什么，你说自己每次都是这样，当朋友遇到麻烦的时候，你总是会显得束手无策，你说自己除了能静静地倾听，什么都做不了！

可是，亲爱的，你知道吗？倾听本身就是一种给予的力量，当你默默地注视着对方，或者轻轻地握着你朋友的手，轻轻拍着她肩膀的时候，就是在传递着你的温暖和你的关怀，你的倾听是一种无声的力量，而你天生就具有一个倾听者的素质呢！

这一次，姐姐也想说说语言交流的魅力，希望下面的文字对你们有小小的启发：

## ●三思而后言

在我们和人沟通的过程中，往往会因为一句话而引起他人的不悦，如何避免说错话？最好的方法就是根本不说那句话。很多人往往心直口快，根本没想到自己犀利的言辞可能对别人造成伤害。因此说话不能不经过大脑，在要说出口之前，先想想“如果别人对我这样说，我会做何感想？”、“我的批评是有害的还是有益的？”。在很多情况下，如果能多花一些时间，设身处地为他人着想，你就不会因为说错话，而引起他人的不悦了。

### ●失言时立刻致歉

勇于认错是很重要的，所以一旦当你发现自己的言语伤害到他人的时候，千万不要厚着脸皮不肯道歉。每个人偶尔都会说错话，可一旦要察觉到自己说了不该说的话，应该马上设法更正。这时要留意他人的言语或其他方面的反应，借以判断是否需要道歉。如果你确实说错话了，就必须立刻道歉承认错误，不要编一大堆借口，以免越描越黑。

### ●不要和别人比赛

有的人和人交谈时，时常把它看成是一种竞赛，一定要分出个高下。如果你常在他人的话里寻找漏洞，常为某些细节争论不休，或常纠正他人的错误，以向人炫耀自己的知识渊博、伶牙俐齿为荣。这样的你一定会给人留下深刻的印象，不过那是不好的印象。这样的人往往忽略了沟通的技巧，错把交谈当成了辩论，而不是彼此交换信息、想法的过程。为了与他人更好的沟通，这种竞赛式的谈话方式必须舍弃，而应该采用一种随性、不具侵略性的谈话方式。这样当你在表达意见时，别人就比较容易听进去，而不会产生排斥感。

### ●挑对说话的时机

这句话的意思主要是在你要表达意见之前，必须先确定，对方已经准备好，愿意听你说话了。否则你只会浪费力气，对牛弹琴，白白错过了让别人接受你意见的大好机会。既然我们得选择良好的时机，那什么时候开口才是最好的呢？其实要遇到最好的时机很困难，但是要遇到适于交谈的时机却不是难事。比如说：在公共场所，或有其他朋友、同学在场时，应避免谈论涉及隐私或其他一些敏感话题。还有当对方感到烦躁时，也尽量避免继续谈论下去。

### ●对事不对人

举例来说，你是否有朋友很难缠，老是让你气得半死？有些人就是爱抱怨、生性悲观、拖拖拉拉、又老爱编一大堆借口。如果朋友这些行为已经威胁到你们之间的友谊，你就有权开口提醒他。此时最重要的是，你必须指明自己讨厌他哪些行为，而不是一味地想改变他的个性。一个人要改变某些特定、确切的行为，要比改变个性容易多了。

### ●了解别人的感觉

如果能先试着了解对方的感觉，我们也就能比较巧妙地说出一些难以启齿的话。比方说，如果你的父母亲很担心你的假日旅游计划，你就不要对他们说："你们为什么不能只管自己的事情，却老是把我当成3岁小孩呢？那是我的时间，我爱怎么用就怎么用！"这种充满稚气的典型防卫性反应无法增加父母对你的信心。你应该想想父母说这话时心中的感觉。也许他们只是想阻止你冒失的野外探险，以免你受到意外的伤害；也有可能他们是对自己往后的经济支出状况感到忧虑，却又不知道如何告诉你。所以当面对别人的批评或某些让你不悦的行为时，你只要能找出背后真正的原因，就能够用另外一种说词去化解一场冲突。

### ●聆听他人的回馈

一个人要和别人交谈，不仅自己要懂得如何去说，也要懂得如何去聆听。缺乏聆听的技巧，往往会导致轻率的批评。一个人会任意的批评或发出不智的言论往往是因为他不管别人要说什么，只想主控整个谈话的场面。如果你仔细聆听别人对你谈话的回馈或反应，就能确定对方有没有在听你说话，得知对方是否已了解你的观点或感觉，而你也可以看出对方所关心、愿意讨论的重点在哪里。

喜欢听故事的元博姐姐

# 别对朋友过度关心

亲爱的妹妹：

你和姐姐说你是那种对身边的朋友非常关心的人。每当他们需要帮助时，你都会尽自己所能去帮助他们。因为你一直觉得，朋友的需要比自己的需要更加重要。

正当姐姐对你的理论频频点头时，正当姐姐以为你在朋友的眼里，绝对该算是一个可靠和值得依赖的人时，你对我说出了你的烦恼，你说，你不明白，为什么身边的朋友会突然有一天对你说，你对他们的关心和热情让他们感到的是压力，他们希望你对他们不要那么好！

唉，你幽幽怨怨地看着姐姐，等着姐姐对你的问题作出回答，你说，难道关心别人还关心出错了吗？好心得不到好报也就算了，还让人家有压力了，自己怎么就落了这么个下场呢？

其实对朋友的关心当然不是坏事，可如果一个人过度地关心朋友，那也未必就是件好事。对别人过度关心的人，往往是出于这样两种原因吧：一是他们的生活榜样就是这样的，比如自己的父母就非常具有利他精神、乐意帮助身边的人，因此孩子就学会了以这样的方式来对待别人；还有一种情况是我们自己非常需要他人的关注和认可。在某些人的成长阶段，尤其是童年生活中，由于缺少被爱，因此内心就会强烈地渴望关爱，所以每当看到别人需要关心时就会有一种非常深切的同感和共鸣，因而对别人非常照顾。这类人在自己尽力关心别人的时候，也希望别人能同样来关心自己。

如果一个人老是对朋友过度关注，就需要好好问一下自己是出于什么原因这样做，是不是自己的内心有一些需要没有得到满足，是否有一种对于关爱的迫切需要，是否是迫切地在对别人的关心中想得到自我角色的认同。

姐姐说的是不是有点儿深奥呢？简单说，就是关心别人的人，有可能是为了满足个人内心的需求，而并不是真正站在人家的立场上考虑问题，所以这种对别人的关心才会让别人不舒服，让人家感到有压力。

姐姐想说，任何事情都是过犹不及，你过度地关爱别人非但不会真正帮助别人解决问题，还会让人家的心里承受着压力！帮助别人不是刻意的行为，而是我们力所能及地为她（他）做一些事情，放弃自己的需求而去首先满足别人需求的人，恐怕连自己心里都会不舒服吧。

如果自己是出于自我补偿的心态而去对别人好，那么，就尝试把从前过度投注到别人身上的能量收回来，先照顾好自己。当我们学会了肯定自己的重要性后，也许就会以一种平静的心态来面对朋友的种种问题，看清楚什么时候需要给朋友帮助，什么时候需要让朋友独立地面对，什么时候需要拒绝朋友的无理要求。

给彼此留有空间才是与人相处的最佳方式吧，你说呢？

能自己完成的事情就不去寻求他人帮助的元博姐姐

# 那些曾经以为不能说出的秘密

亲爱的妹妹：

你会不会有一天忽然想起自己最最心底的秘密，那个秘密你不曾和最好的朋友分享过，甚至不能把它写进带着锁头的日记本。只有藏在心里才是自己认为最踏实、最安全的地方。可是，有一天，你却发现，曾经包裹着的、隐藏着的，甚至以为会一辈子待在心里那个小小角落的秘密，已经不再是什么秘密了……我们甚至可以肆无忌惮地、哈哈大笑地把它说给别人听。然后，我们的心里会忽然温暖或冰凉……

就像你讲给我的你的秘密。你说，仅仅因为16岁那年的一场暗恋，和一个你永远不愿意醒来的梦，你就用8年的时间来追随着他的脚步，他到哪里，你就努力地追随到哪里。

16岁那年的你，鬼使神差地喜欢上他，然后在高考前的某一天晚上，你梦到他牵着你的手说，要和你永远一起走。你仿佛知道那是一场梦一样不愿意醒来，醒来后却是泪流满面……

然后，你开始了一场关乎年华的追逐游戏。为了和他考到同一所大学，为了和他在同一座城市，你在当年的高考后，毅然选择了复读。然后，第二年，你所有的志愿都是他所在城市的大学。

三年后，他毕业去加拿大留学。你一样疯了似的学习外语。在毕业后的第二年，去了温哥华，因为成绩的原因，你没有申请到太多的奖学金，只能半工半读……

你和我说，你曾以为自己一辈子都不会告诉别人这个愚蠢的秘密。因为在你最终表白的时候，男孩儿又要为了自己的理想奔赴另一个国家。不愿意为你停留下脚步，亦没有留给你继续追逐下去的勇气。但是这场关乎年华的追逐，你说自己并不后悔，因为正是这场追逐，让你拥有了本来未曾想过拥有的经历，让你遇见了另一个坚强和勇敢的自己。

秘密就是你唯一可以独自享用的东西。无论它是什么，具有怎样的内容，都完全属于你自己。它若是痛苦，你只有独自承受；它若是快乐，你也不能让人分享。

姐姐忽然想起，上高中的时候流行的心里话游戏，石头剪刀布输掉的一方，要认真回答胜利一方提出的任何问题，而很多问题都会关乎秘密和小小的隐私。

三两个好朋友一起分享着心里的秘密，说完以后还要拉钩上吊……也正是因为彼此分享着对方的秘密，大家会变得更加亲密无间，当然也会因为一方的秘密被另一方出卖而反目成仇。这就是秘密的魔力吧。

也有很多人说，自己没有秘密。这样的人，是否在回忆过去的时候缺少一种可以由心底荡漾出的滋味呢？又或者这个秘密是正在进行时的秘密，所以不能说。

我还记得一个女孩子在QQ上和我说她的秘密，她说放在心里太久了，背不动要放下来……就在她用键盘敲打完文字之后，自己趴在电脑前放声痛哭，却无比地轻松和释然。

当秘密不再是秘密的时候，是因为我们的内心已经有了足够面对它的勇气，而这种经历我们叫它“成长的过程”。

石头剪刀布总会赢的元博姐姐

# 审美课

## 我是个漂亮的女生

胖小妞，知道吗？姐姐从你给自己取的名字就能感受到，你是个宠爱着自己的小妞。胖也好，瘦也罢，在姐姐看来，这本来就不该是快乐或者不快乐的根源。有些姑娘胖，可是人家胖得圆润，胖得可爱，胖得肤如凝脂，胖得有亲和力……有些姑娘瘦，可是瘦得面色暗黄，瘦得无精打采，瘦得人心里难受，貌似硬邦邦的树杈……哦，哦，瘦姑娘们请原谅姐姐的这个说法。

## 身心平衡所以快乐

胖小妞写来的信：

我本来是个苗条快乐的女孩子，可是上高中后，由于学习压力加大，我把不停地吃东西当成了自己排解压力的方式。于是恶性循环开始了，我越吃越胖，越胖越吃，可是却越来越觉得不开心，动不动就发脾气，动不动就感到莫名的烦躁。现在的我体重超标，成绩下降！我该怎么办呢？

写给身心不平衡的胖小妞：

胖小妞，知道吗？姐姐从你给自己取的名字就能感受到，你是个宠爱着自己的小妞。胖也好，瘦也罢，在姐姐看来，这本来就不该是快乐或者不快乐的根源。有些姑娘胖，可是人家胖得圆润，胖得可爱，胖得肤如凝脂，胖得有亲和力……有些姑娘瘦，可是瘦得面色暗黄，瘦得无精打采，瘦得人心里难受，貌似硬邦邦的树杈……哦，哦，瘦姑娘们请原谅姐姐的这个说法。

其实胖或者瘦，只要我们自己觉得舒服就好。姐姐在这里所说的舒服，指的是你能发自心底地感受到身心平衡带给你的快乐。

姐姐有一个很要好的同学，和你胖小妞有着很相似的经历。上高中以前一直是一个身材高挑的女孩子，学习成绩也是中上等。可是上了高中，她开始长肉肉，有些婴儿肥，由于高中的学习压力大，她也开始用吃来缓解压力，零食和正餐她都享用得不亦乐乎，“大胃王”成为她新的绰号，她的体重更是一路飙升。

高二前的暑假结束的时候，她已经发展成了“大肥妞”。她的情绪也变得敏感起来，那个开朗、活泼的小妞变得敏感多疑、情绪化……

大学毕业后的一次同学聚会上，我们聊起当下热门的有关身心平衡的话题。成为专业瑜伽教练的她回忆起高中时的往事，她说，想想当年自己为什么忽然发胖，变得敏感而且情绪化，其实就是因为那个时候的自己一直处于身心不平衡的状态。

青春期的我们，身体在迅速生长，那个时候是我们的身体发育最迅猛的阶段，而我们的心理成熟度却显得有些跟不上身体发育的步伐……当我们用美食来满足自己的时候，一时的快感过后，却埋下了愈加让自己的身体承受超负荷的隐患，恶性循环也就开始了……这也许就是许多胖姑娘会更加敏感、更加自卑、内心更加忧郁的原因吧。

我这个同学，当她上大学以后，参加各种社团活动，积极地参加体育锻炼，在健美操和瑜伽课中她体会到了身体的舒展给心灵带来的真正快感。

亲爱的胖小妞，其实排解压力的方式有很多，吃的确是一种可以让我们在味蕾被美味的刺激下一下子心情愉悦的最立竿见影的方式，可是，它却在我们的一次次快感过后，为我们埋下了更多不快乐的种子，在我们的心里慢慢生长着……

不光是你胖小妞，任何人在进入高中阶段都会感到压力，只是不同的人在面对压力的时候应对的方式不尽相同。学习本身就是我们生活的一部分，我们何必要把它举到高高在上的位置呢？好的学习成绩也不是靠膜拜的心态得来的，每天心心念念地只有“学习”两个字，未必就能取得好的成绩。

紧张的学习生活之余，不妨多到户外去接触阳光和清新的空气，多参加体育运动。在尽情地挥洒汗水时，我们不仅排解了压力，也塑造了健美的形体。时刻要牢记，我们是女孩儿，我们本该漂亮，本该活得精彩！

正在减肥的元博姐姐

# 减肥是一门必修课

写给我亲爱的妹妹：

减肥这个话题恐怕是姑娘们在一起的时候讨论频率最高的。姑娘们的口号是没有最瘦只有更瘦。为了保持好的身材我们不光在饮食上有所节制，咬着牙拒绝小零食和小甜品的诱惑，甚至还有些姑娘穿上了塑身内衣……

琳琅满目的减肥方法有点儿让我们眼花缭乱，可是青春期的我们正处于身体发育的黄金阶段，盲目地选用减肥方法不但不会让自己瘦下来，还会对健康造成负面的影响。所以说，减肥是有学问的，是同样需要我们学习的。

女孩儿进入青春期后由于身体发育的原因体重会自然增加，这是因为这个时期的女孩子身体增高迅速、乳房开始发育、体内脂肪增多、身体逐渐丰满，呈现明显的第二性征。而这些变化都是因为女性自然的生长规律带给我们的，想想看，如果没有足够的脂肪，我们怎么会有丰满的胸部和臀部呢?

很多女孩担心青春期的肥胖会造成一发不可收拾的后果，利用节食减肥或者尝试吃各种减肥药，她们不知道，这些不健康的减肥方式可能会使人造成心理性厌食，或者营养严重缺乏。这只会给我们的身体和健康带来伤害。

青春期的体重增加是我们身体发育的正常需要，即使这个时候的我们看起来有些婴儿肥，也无须刻意减肥，而当我们度过这一阶段后，你会发现体重自然减轻了呢。

有一个判断身高和体重是否处于正常范围的公式：（身高的厘米数－100）×0.9=标准体重（上下浮动10%）（千克)，用这个简单的测算公式来判断一下自己的体重是否处于正常值的范围内。如果自己的体重真的超出了这个范围，那就需要根据自己的身体实际情况采取控制体重的措施。看看自己的饮食结构是否存在问题，平时摄入的营养是不是超标了，是不是洋快餐吃得太多了，如果鸡腿和汉堡是你的最爱，你可真是要控制了哦。如果冰激凌和甜点是你的最爱，那你胖得可是一点儿都不冤枉呢!

如果自己的体重真的超过了正常体重的浮动范围，那么控制体重的确是需要我们做的。但是减肥绝对是一门需要我们学习的学问，不该盲目的节食或者把服用减肥药当作救星，各种美容院承诺的几天之内瘦下来多少斤的广告，姐姐更不建议大家去尝试。

要想青春期得到健康正常的发育，就要依赖于合理恰当的饮食结构。贪食、爱吃零食和甜食是应该尽量避免的。爱吃小零食和小甜品是女孩子的天性，可是为了漂亮，我们就要多多注意了，可以用喜欢的水果和酸奶来解馋哦。还有就是要注意劳逸结合，多进行体育锻炼。选择自己喜欢的运动方式，拒绝懒得动的思想，体育锻炼是我们调节身体平衡的最佳方式。

姐姐不想为姑娘们推荐具体的减肥方法，但是姐姐想说说减肥的基本原则，首先是拒绝暴饮暴食，每餐讲究营养均衡，食物的营养摄入充足即可，吃饭吃到八分饱即可。其次是注意加强体育锻炼，运动不仅舒展筋骨增强我们的机体免疫力，还调节我们的心理平衡，减轻我们的心理压力。同时，我们还要养成良好的生活规律，保证充足的睡眠时间，良好的睡眠对减肥是很有帮助的哦。

无论胖瘦，我们都要做一个健健康康、精神饱满的女孩！

喜欢喝鲜榨果汁的元博姐姐

●元博姐姐的马后炮：

合理的饮食，均衡的营养，适当的运动，再加上乐观的心态，做到这几点，姐姐相信你一定会是个形体健美、活力十足的女孩哟！

# 你的美丽是一道独特的风景

馒头写来的信：

我是个长相平平的女生，身高160厘米，体重50公斤，单眼皮，不大不小的眼睛，穿什么都不好看。同样是梳马尾，人家的马尾在后面一甩一甩地很拉风，而我的马尾梳起来却像个村姑一样。有些人天生就是为了衬托别人的美丽的吧？

写给冒傻话的馒头：

馒头的最后一句，“有些人天生就是为了衬托别人的美丽的吧？”在姐姐看来就是一句超级大傻话！有谁生来就是为了衬托别人？我们每个人都是自己人生连续剧的主角呀！想想我们的生活、我们的境遇，那些在我们身边的人，他们的出现难道不是为了衬托我们的存在吗？我们每个人都是自己的主角也同时是别人的配角吧。

在姐姐每天上班必经的路上，总会遇见一个30岁左右的女子，姐姐起初记住她的原因很简单，仅仅因为她长得很丑。我一直认为自己是个很少用“丑”来形容别人的人，可是，她的相貌让我还是选择了这个词。她直直的头发，梳齐刘海，戴一副不入时的眼镜，尤其是她走路的样子，两条腿直直的，身体也显得僵硬，像是一个木偶。

有一段时间，我几乎每天都会遇见她，看她远远地走过来。渐渐地，我发现，她开始化妆，她的衣服隔一两天就会有变化，虽然依旧是让人觉得不够入时，可显然是经过她细心搭配的。如果她穿黑色的裙子，就会搭一件深色系的上衣，鞋子也会是黑色的，包包也会换成黑色……

我承认，我一直以为相貌不好的人总是会躲避别人的目光，会是一副怯怯的表情，而她总是抬头走路，总是有强烈的自信和从容从眼神里流露出来。

那段时间，每次经过那个路口，我总是会急急地寻找她，看她又有着怎样的精心搭配，然后目送她走过长长的路口……

我一直在想，一个女子，她爱自己，热爱生活，热爱生命，那她就是美丽的吧！

馒头，就算你也是个可以用丑来形容的女生又怎么样呢？就算你梳马尾的时候像个村姑又怎么样呢？如果我们长得丑，那我们就学会衣服的搭配和颜色的选择，如果我们梳马尾不好看，我们就去选一个适合自己的发型，让自己看起来神清气爽，如果……那我们就……无论我们在某一方面有着怎样的不足或者是缺点，我们都可以在其他方面找到弥补的方式！就像有一句很励志的话说得那样，上帝在为你关上一扇门的同时，一定会为你打开一扇窗！事实的确是这样！

我们要相信，我们每个人都是这世界上一道独一无二的风景。这句话是姐姐发自内心想对你说的，它与励志或者与鼓励无关，它只是比你年长几岁的姐姐——我，重新看待成长的感悟！

和你一样说过傻话的元博姐姐

●元博姐姐的马后炮：

美丽的容貌是天生的，我们不可能人人都有，但是我们可以拥有美丽的心情。把乐观、自信、阳光的那个自我展现在众人面前，我们每个人都是一道独特的风景，就像有首歌唱的那样，“我就是我，是颜色不一样的烟火”。

# 赞赏和肯定不一定要来自他人

写给我亲爱的妹妹：

你像小怨妇一样对我说，为什么你的好朋友漂亮、人缘好，总是得到别人的赞扬和肯定。你感觉自己就像她身边的小跟班，大家的目光从来都是掠过你，而直接投注到她身上。

你问姐姐，上帝他老人家真的公平吗？为什么把自己创造成丑小鸭，而把别人创造成白天鹅？为什么自己想得到别人的认可总是那么难？

我们先不说上帝他老人家是否公平的问题，我们先来说说你的好朋友为啥惹人喜爱？因为她漂亮，可是漂亮的姑娘多得是，为啥这待遇就给了她，如你和姐姐讲述的，她漂亮得有亲和力，她的脸上总是挂着甜甜的微笑，那微笑不做作，不夸张，像是来自心底最深处。她人缘好，因为她不浮躁，不骄傲，总是用平和的语气说话，用宽容的态度对人。你说这是你喜欢她，把她当作好朋友的原因，那么姐姐是不是可以理解成，这也是别人赞扬和肯定她的原因呢？

姐姐为你懂得欣赏自己的朋友而感到高兴，你不是在用女孩子惯用的嫉妒诋毁自己的朋友，你也没有因为她夺得了太多的光环而使尽浑身解数来夺取众人的目光……你只是轻轻地问我，你何时能同她一样获得众人的赞扬和肯定？

亲爱的，你知道吗？会选择朋友，选择身上有闪光点的朋友本身就是一种能力，懂得欣赏自己的朋友本身就是一种难得的素质，能对照朋友的优点寻找自己的不足本身就是一种生活的智慧……而这一切就是你天生具有的良好品质！

想要得到别人的认可和赞美是每一个人都会有的内心体验，在我们自我接纳的同时，我们谁都需要从别人那里得到认同。那些总是得到别人的赞许和接纳的人，正是他们首先接纳自己的结果。

我们试想，一个连自己都瞧不起的人，整天愁眉苦脸的人，有谁会把赞美的词语用到他的身上呢？大家恐怕更多的会是害怕自己说错话，害怕受到他不好情绪的感染吧？

在姐姐看来，能拥有这样一位抢占光环的好朋友，就是上帝他老人家对你格外的恩宠。因为她的存在，你懂得审视自己的不足，因为她的存在，你可以躲在她的光环下安心地成长，没有太多人的注目，也就没有那么多人的评判，不必活在别人的评价和判断里是一件难得的幸事，因此我们才不会丢失自己，才可以安心按照自己的轨迹慢慢成长。然后在忽然的某一天，我们惊喜地发现自己长成了懂得自我欣赏也有人懂得欣赏的女子。

如果说在这个世界上，有些女子是可以博得大众欣赏的，而有些女子只是特定的人懂得欣赏的，那么，我会安心地选择后者，只要遇见那个懂得彼此欣赏的人相守一生就好，何必要让自己拥有博得众生赏识的能力？

可是，无论你想成为怎样的女子，要想让别人欣赏自己，首先要学会悦纳自己。如果你本人都没有信心肯定自我，那还能要求别人欣赏你吗？

懂得与人彼此欣赏的元博姐姐

# 别把整容当成救命稻草

小丑娃娃写来的信：

我是一个长相平平的女生。从小到大，都没有人夸过我漂亮。我一直很努力地学习，也有着不错的成绩，却总是被忽略和冷落。看着身边的女同学一个个像骄傲的公主，就更加重我的自卑感。我身边有很多女孩，她们漂亮，成绩也好，所以她们总是人群中美丽的焦点，很多男孩子也喜欢她们，可我只是默默无闻的丑小鸭。

现在高考结束了，我打算去做整容手术，让自己变得漂亮点儿。我要用美丽的容貌来增强自信，我要在大学里用美丽的外表来赢得爱情。

写给小丑娃娃：

我不知道小丑娃娃所谓的自己是个长相平平的女孩子，这“平平”是一个怎样的概念？在姐姐看来，长相平常的人应该在人群中占据着绝大部分吧？而且对于漂亮的定义那更是“仁者见仁，智者见智”呢！

姐姐知道，现在利用高考结束的假期做整容手术，似乎成为一种时尚，姐姐不知道那些去做整容手术的姑娘，是不是和你有着同样的心理：想用美丽赢得自信，想在大学里遇见美丽的爱情，想在将来就业的时候为自己赢得一份体面的工作。

也许姐姐没有资格对女孩们对美丽容颜的追求，对美好生活的向往作出任何评判，姐姐的思想或许还是太保守吧，身体发肤，受之父母，我们怎么能随意更改呢？不错，爱美之心，人皆有之，但是我们怎么能拿自己的身体做试验田，渴盼在非正常生长的条件下嫁接出更美丽的花呢？

有心理学者从心理健康的角度对整容进行了评判，真正的幸福是成为自己而不是变成别人。没有哪个人整容整的就是“容”，整容的最深动机是整心中的形象，心理学也叫“自我意象”。如果不改变自我意象，一味地在改变外在形象上下功夫，内心的痛苦会依然存在。痛苦的根源，不是自己长得怎么样，而是对自己心中样子的不认可。

姐姐还记得一位心理专家说过这样一段话，长相这事儿首先在爹妈，如果从怀孕那天起夫妻就带着愉悦的心理期盼小宝贝的诞生，生出的孩子无论美丑都喜欢，带着欣赏的目光去关注他成长的每一步，在这种环境中成长起来的孩子，更易于接纳自我，认可自我。其次，在我们生活的每一天，要善于欣赏别人，羡慕而不是嫉妒别人，喜欢而不是依赖别人，别人常常从你这里得到认可，那么他人对你的认可，也就会源源不断地到来。

在成长中，我们要学会培养自己具有积极、健康的人生态度，追求有价值的人生目标，有宠辱不惊的心态和胸怀，才是自我认可的内在来源。因为自信，所以我们能够客观地对待他人的评价，能够认清别人眼中真正的自我。如果你的自信只来源于他人的眼神或话语，那恐怕这不是真正的自信哟！

姐姐的观点是，不要把命运寄托在一张漂亮的脸上。只要我们不断地拼搏进取，我们在某方面一定会取得优异的成绩，拥有自己的闪光点，我们用自己的与众不同塑造出一个优秀的自我，那么这个自我就是美丽的。

偶尔会化些淡妆的元博姐姐

## ●元博姐姐的马后炮：

高跟鞋敲打地面的声音不是成熟，浓妆艳抹也不是美丽人生的必要条件，要知道，任何化妆品都不能掩饰岁月留下的痕迹。处于青春期的女孩们，姐姐想说，因为拥有青春和活力，所以你们是美丽的，在这播种的季节里，如果你们能努力学习，从各方面不断提高自己，那么在今后的岁月中，你们一定会拥有美丽的人生！

# 那些你自以为的缺点

写给我亲爱的妹妹：

你正在为自己是个小胖妹或者是个“拇指姑娘”，或者你觉得自己眼睛小、个子矮、塌鼻子、单眼皮而烦恼……总之，你觉得自己方方面面都不尽如人意！青春期的女孩，谁不希望自己漂亮，惹人注目呢？可是，靓丽、时尚……这词些都与你无关，你幽幽地说，自己没有青春，只是个灰暗的女孩。亲爱的妹妹，姐姐想给你讲一件自己的亲身经历，希望你能做个懂得自我欣赏的女孩：

一家小有名气的写真店搞特价活动，我们三个好朋友禁不住诱惑跑去拍了一套。

拍照结束后，店家为我们安排在同一个时间选片子。

我们三个人，一直叽叽喳喳，品头论足。挑选满意的片子对我们来说似乎成了很难的事。店员一直耐心地等待着我们的举棋不定。

片子终于选完了，在店员把我们不选的片子删除的一刹那，我们三个的眼睛都掠过了几分不舍。

店员微笑着说，其实我觉得有很多片子都是很漂亮的，可你们却总是注意到那些微不足道的细节，明明是为了突出你们的优点而拍，可你们偏偏去注意自己的缺点。

我们三个人都笑了。是啊，我们在看别人片子的时候，觉得哪一张都很漂亮，可轮到自己的时候，却首先去注意自己的缺点是不是在照片上体现出来。我们三个人，有的人对自己的牙齿不满意，所以露牙的片子不要，有的人认为自己的眼睛大得比例失调，有的人认为自己笑的时候嘴太大。

其实如果自己不说，我们三个整日混在一起的好朋友，根本就没有发现过对方最害怕暴露的缺点。

心理学上还有一个故事：在非洲加纳的库马西寄宿学校，一位老师走进了教室，他先拿出一张画有一个黑点的白纸，问他的学生："孩子们，你们看到了什么？"学生们盯住黑点，拖着长音异口同声地喊道："一个黑点。"老师非常沮丧，"难道你们谁也没看到这是一张白纸吗？眼光集中在黑点上，黑点只会越来越大。"

想想有些时候，我们为什么不快乐，为什么害怕别人的眼神，为什么以为别人对自己有着怎样不好的评价，就是因为我们像在看待白纸上的黑点一样看待我们的缺点，我们努力地掩饰，努力地装扮，一旦感受到来自他人的不良评价就认为是自己那个最突出的缺点造成的。

是的，就如同带着黑点的白纸，白色的领域才是更宽广的，而那个带着无数闪光点的我们，才是真实的自我！

所以，我亲爱的妹妹，即使我们是小眼睛、塌鼻子，即使我们个子矮、体重超标，甚至我们的脸上有一块天生被上帝亲吻过的痕迹……那个带着这样标签的不敢抬头看天的小姑娘绝不该是我们本来的状态！

喜欢自己眼睛的元博姐姐

## ●元博姐姐的马后炮：

一张带有黑点的白纸，如果你的眼睛只盯住黑点，那么它只会越盯越大，亲爱的妹妹，为什么不多看看白纸呢？白色的领域才是更宽广的呀！我们的缺点就如同白纸上的黑点，还是多看看自己的闪光点吧，那才是真实的自我！

# 我们都应该懂一些色彩知识

写给我亲爱的妹妹：

你一定羡慕有些女孩总是穿很适合自己的衣服吧？不仅款式新颖，颜色也是超搭。本来长相平常，可是却被衣服掩饰了诸多缺点，成为一道亮丽的风景。

别对着人家又爱又恨了，穿衣搭配那是相当有讲究的学问。比如脸上长痘痘的你，如果穿了一件姜黄色的衣服会把脸上的痘痘更加突显出来，可是如果穿水粉色的衣服，痘痘就像顷刻间消失了一样。

姐姐专门为你搜罗了一些有关色彩方面的小贴士，希望能为你普及一下这方面的知识，如果有兴趣的话，你可以进一步研究哟！

首先要记住一点，我们身上从头到脚的颜色不能超过三种。

自然界中的颜色可以分为无彩色和彩色两大类。无彩色指黑色、白色和各种深浅不一的灰色，而其他所有颜色均属于彩色。

服装、服饰的颜色可分为以下几类，其中暖色为红、橙、黄、粉红色；冷色为青、蓝、紫、绿、灰色；中间色为黑、白、咖啡色。

颜色搭配原则：冷色+冷色；暖色+暖色；冷色+中间色；暖色+中间色；中间色+中间色；纯色+纯色；纯色+杂色；纯色+图案。

颜色的搭配禁忌：冷色+暖色；亮色+亮色；暗色+暗色；杂色+杂色；图案+图案。

姐姐还收集了一些服饰色彩的搭配方法：

◆上深下浅能起到端庄、大方、恬静、严肃的效果；上浅下深则给人明快、活泼、开朗、自信的感觉。

◆突出上衣时：裤装颜色要比上衣稍深；突出裤装时：上衣颜色要比裤装稍深。

◆绿色颜色难搭配，在服装搭配中可与咖啡色搭配在一起。

◆上衣有横向花纹时，裤装不能穿竖条纹或格子的；上衣有竖条纹时，裤装应避开横条纹或格子的。

◆上衣有杂色，裤装应穿纯色；裤装是杂色时，上衣应避开杂色；上衣花形较大或复杂时，应穿纯色裤装。

◆中间色的纯色与纯色搭配时，应辅以小饰物进行搭配。

从服饰色彩搭配的角度来说，要遵从以下一些基本原则：

黑与白，色彩上被称为极色，原则上，它们可以跟任何颜色搭配，就是说，这两种颜色在跟任何颜色搭配的时候，都不会显得不自然或不协调。必要的时候，甚至可以用它们来隔开两种本来极不协调的颜色，而使二者变得协调起来。

金与银，色彩上被称为辉光色，原则上，它们也可以跟任何颜色搭配。但要注意，由于金色在视觉上倾向于黄色，所以它跟黄色系色彩的亲和力会更强一些；银色在视觉上倾向于灰色，所以它跟灰色系色彩的亲和力会更强一些。这两种颜色在跟其他色系颜色搭配时，则尽量避免大面积使用。

姐姐在这里介绍的这些相关的色彩搭配知识也是现学现卖，希望这些知识能激发你对色彩搭配的兴趣，做一个懂得用心生活和关注生活的女孩儿！

偏爱绿颜色的元博姐姐

# 长痘痘的女孩未必会变丑

写给我亲爱的妹妹：

脸上冒小痘痘了吧，心情开始不爽了吧，开始天天照镜子找痘痘了吧，每天起床的第一件事就是去看看痘子少没少吧？可惜越是着急痘痘越是往外冒，红红的痘痘肆意地霸占着咱本来干净清透的小脸蛋。

你的痘痘都长在了哪里？额头、脸颊、鼻子、脖子上都长了，还有前胸和后背？嗯嗯，没错，这里都是痘痘的高发区。不过，姐姐想提醒你，就算你再看这些痘子不顺眼，再想让它们马上消失，也不要用你的手去挤这些小痘痘哦。如果发炎，如果留下疤痕，那你才真要哭了呢。

别看我们把它叫作青春痘，其实青春痘不是只有青春期的你才会长，也不是所有青春期的人都长青春痘。

青春痘在临床上叫痤疮或粉刺，它是由于毛囊及皮脂腺堵塞、发炎所引发的一种皮肤病。叫它青春痘是因为进入青春期后的男生和女生往往好发，所以才有了个这么和青春有关的名字。

长青春痘和很多因素有关，首先是一种叫雄性激素的东西，人体内的雄性激素会刺激毛发生长，促进皮脂腺分泌更多油脂，混合正常脱落的老角质，堵塞毛囊，使细菌附着在上面，引起皮肤产生红肿的反应。而11～18岁正好是分泌雄性激素的高潮期，因此也就成为长青春痘的高峰期。你的痘痘很可能就是这个原因引起的呢。还有就是由于痤疮杆菌引发的炎症，由于螨虫造成的感染，由于压力导致的内分泌失调，或是环境因素和遗传因素都会引发痘痘。

其实大多数女孩子都会在青春期的时候长痘痘，这是和我们的身体所处的成长发育阶段密不可分的，如果你只是在脸上偶尔冒几个，那大可不必担心喽，只要注意保持面部的清洁，过了这个成长阶段，痘痘就会自然和你拜拜了。如果咱的小脸蛋上痘痘泛滥成灾，又红又肿，还长了红鼻子头……那就要让妈妈带你到医院去看医生了，医生会根据你的实际情况来给你对症治疗的。

姐姐有一些小经验同正长痘痘的你分享一下。首先要注意自己的饮食结构，饮食上要清淡，多吃蔬菜和水果，拒绝可乐等高糖饮料，多喝白开水。食堂用少油、少甜、少刺激的食物；避免食用含有过多色素、人工香料的食物，以及含有咖啡因的食品，如巧克力、咖啡、浓茶等。

喜欢化妆的姑娘们要注意了，长痘痘期间要避免使用化妆品，有的人想以粉底来掩饰脸上的痘痘，这样堵塞毛孔反倒会更加诱发痘痘的生长。

一定要注意面部清洁，用性质温和的洗面奶洗脸，用清爽型的爽肤水给皮肤补充水分。还有就是保证生活起居要有规律，保证充足的睡眠，尽量做到每天早起都排便。

我们睡觉的枕巾和枕套要经常更换和清洗，保持每周换洗一次。枕巾因为直接接触面部，容易沾上螨虫、灰尘、头皮屑等脏东西，所以定期换洗是非常必要的。

姐姐有一个看似没有什么科学依据的经验，凡是脸上长过痘痘的女孩子，都会变漂亮哦，姐姐身边很多朋友就是这样的呢。长过痘痘的姑娘们，等痘痘完全消去的时候就出落成亭亭玉立的大姑娘了。

同样长过痘痘的元博姐姐

# 百变发型，百变心情

写给我亲爱的妹妹：

上了初中的你，一参加军训就接到了剪短头发的通知。你的长发从小被妈妈小心地呵护，她的手像是魔术师一样，只要一把梳子、几根头绳，漂亮的辫子就在你的头上出现了。可是，现在要让你剪掉伴随你10年的长发，我知道你的心里装着太多的情愫，是不能用不舍来形容的。

其实，换一种发型也是在换一种心情。就像小时候妈妈把我们的长发散开，给我们剪齐刘海的时候我们会以为自己是这个世界上最受妈妈宠爱的宝贝；当妈妈把我们的长发梳起，高高的马尾甩在脑后的时候，我们觉得像一个骄傲的公主。

剪了短发的你，一样可以有不一样的心情，一样是自己宠爱的公主。梳了短发的你可以找理发师为你设计合适的发型，清清爽爽的短发同样可以变化出各式的造型。你会发现自己还有很帅气的一面呢。

有关发型方面的知识，你可以从现在开始积累了。下面是姐姐搜罗到的有关脸形和发型的关系。

圆形脸，适合头发留得稍长些，这样可以在视觉上让脸部看起来修长些；带点蓬松感及高耸感的发型，同样有加长脸部的效果；尽量保持两鬓的宽度，才不会使脸形看起来更圆。

西洋梨脸形，适合能保持额头宽度的发型，才不会使两颊看来更宽更大；清汤挂面般的直发造型或者是中分和过短的短发都千万不要尝试。

倒三角形脸，适合保持及颈部的头发长度以达到平衡感，并造成加宽下巴的视觉效果；或者梳一半的刘海可缩小前额的宽度；如果颧骨不凸出，短发的效果会不错。

长形脸，适合长度适中的头发，梳增加两颊旁头发的蓬松度或层次感的发型，来增添宽度，使脸形看来不会过长。又长又直的发型就不要尝试了。

方形脸（国字脸），适合梳上方有点儿蓬松而两侧服帖一点儿的发型，能使脸形看起来修长些。当下流行的BOBO不适合，BOBO一般都是长度刚好到下巴的位置，这样会使脸形更宽。也要避免覆满整个额头的一片式刘海。

菱形脸，适合设计能够加宽前额宽度并让两颊消瘦、下巴加宽的发型；短发以及当下流行的不对称BOBO发型也适合。

同时人的身材高矮、胖瘦等与发型选择也有一定的关系，身材较为瘦长的，短发就容易使人感到肩部两侧显得空虚，人也更显瘦长。身材矮小的，留长发会使身体显得更矮。身体较胖的，头发应采用直纹路，大卷会使身体更显发胖。

姐姐建议大家找一个合适的美发师，了解我们的性格和爱好以及我们平时穿衣服的风格，这样就会为我们选择出合适的发型喽！

喜欢短发的元博姐姐

# 生理课

## 我是个骄傲的女生

我们排出的卵子如果没有和精子结合，经过大约14天，子宫壁纤维组织就会因此失去作用而萎缩脱落，混合在经血中由阴道排出体外，这就是月经来潮。

笼统地说就是卵巢分泌雌激素，促进子宫内膜增厚、充血，在下次月经来潮前的第14天，卵巢开始排卵，并分泌大量的雌激素和孕激素，在这两个激素的共同作用下，子宫内膜继续增厚，并变得松散，为受精卵形成和发育准备条件。若卵子未受精，两种激素量急剧下降，子宫内膜剥离出血而发生月经。随后子宫内膜在女性激素的作用下，再重复上述这种变化。

……

## 多么奇妙，我们是女孩儿

写给我亲爱的妹妹：

我们是女孩子，所以我们需要为自己感到庆幸。我们有娇嫩的皮肤，我们有清秀的容颜，我们有柔和的曲线，我们可以穿漂亮的裙子、戴美丽的蝴蝶结……这些属于我们的特权，仅仅因为我们是女孩子！

爸爸的精子和妈妈的卵子相遇，相互吸引、相互渗透、相互融合为一体，组成了一个新生命的第一个细胞。

人是由来自父亲的23个染色体和来自母亲的23个染色体偶然结合而成。当有23个染色体的精子碰上有23个染色体的卵子时，便构成了具有人类这一物种特征的数字：46个染色体。

染色体组型如同细胞的身份证件，它显示着每个个体细胞所具有的染色体的形状和数量，并且系统地一对对排列着。男人为44+XY，女人为44+XX。女人的性染色体称为XX，男人的性染色体称为XY。在精子中，只有一个性染色体X或者Y，而在卵子中，性染色体只有X。当卵子与精子结合时，其结果即为XX或者XY。从这一瞬间开始，性别即已确定："XY"为男孩，"XX"为女孩。女孩的生命历程就从这两个代号——"XX"开始了。

姐姐曾看到过这样一组数据：每个染色体有几百个基因；每个基因变了，你就变了。也就是说这个世界上诞生你的概率只有300万亿分之一，假如你有300万亿个兄弟姐妹那么你还是你，只是有些地方与他们不同。正如这个世界上有那么多的树叶，但绝对找不到两片完全一样的。

是啊，就是这样的概率，任何一点点的变化出现，我们都将不是我们自己。同样神奇的是，爸爸把"X"给了妈妈，那一瞬间，我们的性别就被这样确定了。

那个新的生命细胞在妈妈温暖的腹中开始生长，她在子宫里定居下来。大约7周之后，胚胎才具有了性腺，女孩儿的性别被确定了下来。

胚胎就这样在妈妈的子宫中慢慢生长，两个月后，胚胎长出了小胳膊、小腿、小眼睛，有了人的模样。第三个月，胚胎逐渐会动了，妈妈会在那一刻喜极而泣。这个时候的胚胎被称为胎儿。胎儿所需的一切营养都是通过一根细细的肠子由母体输送的。你在离开妈妈身体的那一刻，脐带被剪短，你也终于不再是妈妈身体的一部分而成为独立的个体。可是你和妈妈的亲情却永远也剪不断了。

我们作为一个生命来到这个世界，对于我们每个人来说都是奇迹，我们的爸爸恰巧遇到了我们的妈妈，爸爸恰好把“X”给了妈妈，而他们的精子和卵子相遇的一刻就给了我们决定我们是自己的基因。

我们在这样的奇遇中来到这个世界，似乎每一刻都是上天刻意地安排！我们每个人都是太阳下面的一个新生事物，为了这份来自上天的恩宠，让我们热爱自己，珍惜自己，感恩生命的创造吧！

怀有感恩的心的元博姐姐

# 嘿，那小子真帅
## ——男生和女生的不同

写给我亲爱的妹妹：

隔壁班新转来一个男生把你迷得不行。以前从来不关注篮球的你，因为他在篮球场上的风采，你成了球场边的花痴女。他高高的个子，大大的手掌，尤其是他从你身边经过时，你说他最迷人的地方是他的喉结。

嗯，那个帅气的男生，那个迷人的喉结，对异性关注的你，是不是也需要了解一些和他们相关的知识呢？

我们的性别在爸爸的精子和妈妈的卵子结合的那一瞬间就决定了。出生的小婴孩儿，我们根据生殖器来判断性别，所以我们把生殖器官叫做第一性征。除了生殖器官，两性间的不同特征是第二性征。第二性征随着青春期的到来而逐渐显露出来。

从小男孩儿到男子汉，和小女孩儿到亭亭玉立的大姑娘一样需要一个过程——成长和发育的过程。

伴随着睾丸的成熟和阴茎的发育，男孩子的第二性征会日渐明显：体格高大，肌肉发达，体表常有多而密的汗毛，长胡须，喉结突出，嗓音低沉等等。

从第二性征的出现到发育完成，全过程大约需要一至两年的时间，当然有些男孩子需要的时间更长一些。这与先天遗传、后天营养、生活环境等很多因素有关。

那些第二性征出现早的男孩子往往是女孩子们关注的焦点，而身材相对矮小、瘦弱的男孩子往往受到忽视。

姐姐想说的是，这个时期的男孩儿和女孩儿对爱情的懵懂和对异性的倾慕是普遍的心理。女孩子们对那些还没有突显出男性特征的“小男生”也不要嘲笑或者漠视，即使我们无心伤害，也会让人家感到自卑。而“小男生”终有长成大男孩儿的一天！

女孩子在青春期会月经来潮，那么男孩子长大的标志是什么呢？男孩儿从某种意义上说的确比女孩子的麻烦要少，他们不会有每个月难挨的那几天。他们貌似在不知不觉中就忽然长大了。

男孩子的性成熟从遗精开始。男孩子的遗精是一种正常的生理现象，是男性生殖腺开始成熟的标志，遗精常常发生在睡梦中。男生长到十二三岁，生殖腺已经迅速发育，睾丸开始制造精子。前列腺与精囊腺产生的黏液和精子一起形成精液，由于制造精子的工作从开始就会一直继续下去，因此积存多了就会出现精满自溢的现象，也就是遗精。

从青春发育期到有规律的性生活前这段时间里，男生97%以上都会发生遗精；结婚以后，有了正常的性生活，遗精会自然消失。有一些研究表明，遗精在某种程度上能缓解男孩子的性紧张情绪，解除疲劳，保持生理平衡。

男孩子在第一次出现遗精现象时也会恐惧和不安，男孩子在面对自己身体的发育和成熟的过程中也同样有很多困惑。女孩子们要知道，男孩子其实和我们一样在成长中也有着许许多多的不安，让我们一同安然长大吧！

喜欢大胖熊的元博姐姐

## 我们的身体，只属于我们自己

### ——如何面对性骚扰和拒绝性侵害

写给我亲爱的妹妹：

你在一天天地长大，一天天地出落成一个亭亭玉立的少女，你的胸部一天天地丰满起来，你的曲线在一天天明朗，你圆润的臀部和光滑的皮肤，你白里透红的脸蛋，焕发着迷人的光彩，你吸引着众人欣赏的目光……

女孩子在这个时候会引来“悦目”，可同时也会有“狼眼”。亲爱的，一旦你遇到了性骚扰或者是即将发生的性侵害请你懂得保护自己，更要懂得求助别人来帮助自己。

说起性骚扰很多人的第一反应就是在拥挤的公共场所被陌生的男子占了“便宜”，比如在公交车上有人故意挤在你的身后，偷偷地用身体摩擦的方式对你进行骚扰……

其实，不光是这样，也不光是陌生人，有些熟悉的人，也会利用你的年幼和无知对你进行性骚扰。比如，有些看似和蔼的叔叔或者伯伯，也可能是爷爷，在对你表示喜欢的时候，开始是轻拍你的头，接着却把手伸向了你的私密部位……你害怕却又不敢出声……你不确定那到底是怎么一回事！那么姐姐要告诉你，这种行为就是对你的性骚扰，你要选择拒绝并且及时逃脱！

有媒体曾经报道过，有男老师对女学生进行性骚扰甚至性侵害。也有长辈，甚至是亲属对女孩子进行性骚扰或者性侵害。他们会趁你不备以长辈的身份“爱抚”你，或者说些让你难堪的话题，用语言挑逗你，甚至是威胁和恐吓你。他们利用自己特殊的身份让你有所畏惧，却又不敢不服从……

亲爱的，如果你真的遇到过这样的事，请你不要害怕，你要知道，这一切都不是你的错，他们不应该对你有这样的行为，那是对你的伤害，是对你的不尊重和侮辱，你不该允许他们的行为，如果这样的行为已经发生过，那么你不能允许它再次发生！

你要有面对它的智慧和勇气，当他们再对你“下手”的时候，你要想办法拒绝和逃脱。你甚至可以直接告诉他：不许这样！你不能碰我！不要以为你拒绝了他，就是得罪了他，尤其当他是你的师长或者长辈的时候。记住，真正爱护和关心你的人是不会这样对待你的，他们的行为本身就是违法的！

受到侵害不是你的错，也不能因此以为自己不再洁净，甚至有的女孩子会认为是自己勾引了他人……记住，我亲爱的妹妹，你是受侵害的一方，错误并不在你，你更没有必要让自己背负包袱和罪恶，而是要及时告知你最信任的人（一般情况下都是妈妈），及时求助以获取帮助。

现在的网络陷阱也越来越多，很多“色狼”利用网络，以交网友的方式与女孩子见面并诱骗或者强行与女孩子发生性关系。这些都是你在平时的生活中需要小心提防的，不要随便相信陌生人，不要随便与陌生的网友见面，一旦他们对你提出非分的要求你要及时离开，如果逃脱不了，你要积极想办法去获得别人的帮助。

身为女孩子的你，要留心关注和学习面对性骚扰和性侵害的自救方式，要懂得保护好自己！要有充分的安全意识！

记住，我们的身体只属于我们自己！

在公交车上见到过“变态男”的元博姐姐

# 做好准备，迎接“大姨妈”的到来

写给我亲爱的妹妹：

青春期的你，对月经已经有了一些了解吧。或者，你身边的朋友已经有人月经来潮，此时的你，并不知道自己何时才能月经初潮，可是这个时候的你应该对月经来潮的相关知识做一些了解：

我们在平时的生活中，在女孩之间会给月经来潮找一个代名词，比如，我们会叫它“大姨妈”，或者说“特殊情况”……

我们把第一次来月经叫作“月经初潮”。在“月经初潮”前，我们应该了解一些和月经有关的知识。

进入青春期的女孩子，卵巢逐渐成熟，并开始分泌女性激素，在性激素的刺激下身体里的卵子逐渐成熟，大约每个月都会有一颗成熟的卵子从卵巢排出。卵子经由输卵管被输送到子宫，我们把这一过程叫作排卵。

女性在排卵的时候如果有男性的精子进入子宫内，精子和卵子相遇结合成受精卵，受精卵发育成胚胎，就会孕育出小宝宝。

说到这儿的时候，刚刚来月经或者还没有月经初潮的你可能会有些担心，而你心里的小担心每一个女孩子都曾经有过。其实来月经只是说明你的身体已经发育成熟，具有了孕育生命的能力，而不是来了月经就会怀孕的。

我们排出的卵子如果没有和精子结合，经过大约14天，子宫壁纤维组织就会因此失去作用而萎缩脱落，混合在经血中由阴道排出体外，这就是月经来潮。

笼统地说就是卵巢分泌雌激素，促进子宫内膜增厚、充血，在下次月经来潮前的第14天，卵巢开始排卵，并分泌大量的雌激素和孕激素，在这两种激素的共同作用下，子宫内膜继续增厚，并变得松散，为受精卵形成和发育准备条件。若卵子未受精，两种激素量急剧下降，子宫内膜剥离出血而发生月经。随后子宫内膜在女性激素的作用下，再重复上述这种变化。

刚经过月经初潮的女生，卵巢的功能还不是很健全，卵巢对脑垂体分泌的促进性腺激素的反应也比较差，所以，在月经初潮后的一年到两年的日子里，月经并不一定规律和正常。如果你在第一次来月经后月经周期不规律，月经量时多时少都不必有太大的担心，从月经初潮到正常的月经周期大概要经历一到两年的时间。当然如果身体感觉有任何的不适，还是请妈妈带你到正规医院的妇科向医生咨询为好。

一般的月经初潮在13~15岁左右，但是现在的女孩子由于营养等多方面的原因月经初潮的时间已经提前到了11~12岁，太早或者到了18岁还没有来月经都需要让妈妈带你到医院咨询专业医生。

月经是女性正常的生理周期，我们应该为自己的成熟和长大感到骄傲和自豪，因为它标志着我们正走向成熟。这个时候的我们应该多多通过科普书籍来丰富自己对于身体认知方面的知识，对自己的成长和成熟有足够的认识，这样我们才能不恐慌不恐惧、顺其自然地长大。

曾经一度恐惧长大的元博姐姐

# 咱是女生，骄傲的女生

写给我亲爱的妹妹：

喜欢梳短发，喜欢穿显得帅气衣服的你总是被别人误认为是对自己的性别不认同，你说自己还曾经被误以为是同性恋，弄得你哭笑不得。你和我说，其实那不过是自己在穿着打扮上的喜好而已，哪里有那么多的名堂呢！

我知道，青春期的男孩子、女孩子总是会让人琢磨不透，因为这个时候的我们连自己都不够了解自己吧。

有一句话叫穿衣戴帽各好一套。穿着打扮上每个人都有自己不同的喜好，这一点恐怕谁都不能把谁的意识强加到别人身上。

我们不要简单地把喜欢男生打扮的女生或者喜欢穿紧身衣和紧身裤的男生给扣上是否存在性别认同的帽子。

但是姐姐想说的是，既然我们是女孩子，我们就要遵从女孩子的特征，就要为我们是女孩子而感到荣耀。就要在衣着打扮上突显出女孩子的特征，就要秀出女孩子的美丽和大方。我们应该做一个百变女孩儿，我们可以偶尔淑女范儿，偶尔穿娃娃服，偶尔穿帅气的小礼服，或者把自己打扮成学院派……当然我们也可以一直以喜欢的造型出现，然后偶尔换种全新的装扮。

但是在我们心底，我们要认同自己是一个女孩子，是一个骄傲和活力四射的女孩子，即使我们短发，即使我们偏爱中性的打扮，那不过是我们一种和一时的喜好，而那些旁观的他们，随他们大惊小怪好了。

当然，也有一些女孩子，不愿意承认自己是女孩子，这在姐姐上中学的时候就遇到过，她留男生的平头，穿男生的衣服，喜欢男生的运动装，而且不愿意让别人认为她是个女孩子……在我们的生活中的确会有这样的人，因为种种原因他们不愿意认同自己的性别，接受不了自己本来是男生或女生这一事实。

但是性别的认同和同性恋、异性癖又是完全不同的概念。如果你对心理学感兴趣可以查阅相关的书籍，来了解相关的知识。

这里，姐姐想说的是，现在的很多男生或者女生，在这个同性恋越来越被大家认同的时代里把自己装扮成同性恋。这种行为本身是很无聊和可笑的。同性恋是指一个人在性爱、心理、情感上的兴趣主要对象均为同性别的人，无论这样的兴趣是否从外显行为中表露出来，那些与同性产生爱情、性欲或恋慕的人都被称为同性恋者。同性恋是个复杂事儿，咱就别跟着瞎掺和了。

姐姐还要说的是，同性恋并不是同性依恋，更不是喜欢和同性待在一起，和同性在一起感觉自在和舒服就是同性恋。女孩子们由于生理和心理的因素对同性会更有亲近感和安全感，又由于家长和老师对早恋的打压，在爱意懵懂的季节里，往往会把心中的情愫投射到身边的女孩子身上，对自己的女性同伴关心和呵护，喜欢和女生伙伴黏在一起。而这个时候，有些女孩子可能会悄悄想，我不会是同性恋吧？小丫头，你就不必胡思乱想了！等你遇到让自己心动的男生，你会更愿意和你心爱的他待在一起的！

有N个闺密的元博姐姐

# 如何度过难挨的那几天

写给我亲爱的妹妹：

姐姐知道此时的你正在为那几天难挨的肚子疼而烦恼。每个月的那几天总是要经历一番痛苦。这个时候我们总是会感慨女孩子为什么要经历这么多的难关？我们也会有这样的担心，自己是不是得了什么病？

其实每个人在来月经期间都会有或多或少的不舒服，尤其是女孩子们对于自己的身体呵护意识不够，平时穿衣服为了好看不注意保暖，喜欢吃冷饮吃辣的，喜欢喝咖啡和可乐……身体受到寒冷的侵袭或者吃刺激性的食物都会诱发经期肚子疼。

姐姐在这里说的只是最最基本的常识，至于医学上诱发痛经的原因，因为姐姐不是专业医生，所以不能随便发言。不过姐姐还是建议大家如果月经期间肚子疼得厉害，或者是自我感觉身体有很大的不适，都需要在妈妈的陪伴下去咨询专业的医生。

这里姐姐还要说的是，去医院看妇科不是什么丢脸的事，不要以为看妇科都是妈妈们的事情，小女生哪有去看妇科的道理。当我们的腹部出现疼痛，或者分泌物有奇怪的味道，或者私密处有奇痒的感觉的时候，都应该去医院咨询医生，切记不能不当回事，也不可乱用药物。

姐姐还要提醒大家，在月经期间有一些注意事项，希望能对大家度过难挨的那几天有所帮助。

月经期间要拒绝吃冷饮，这个应该是我们人人都知道的基本常识，喝冰水吃冷饮会让污血无法顺利排出，留在身体里而对身体造成伤害。

同时月经期间要注意保暖，即使在夏天也不要穿露脐装和吊带衫，尽量避免吹空调，在冷气房里记得要多穿件衣服。同时注意，尽量不要用太凉的水，即使夏天也不能洗冷水澡，天气冷的时候更应该注意要用热水洗脚。

在那几天最好保证充足的睡眠，多注意休息，过于劳累也可能导致经期延长或是失血过多。

保持愉快的小心情，虽然那几天特殊的日子会让女孩子的情绪不好，但是也不要纵容自己乱发脾气，因为发脾气会扰乱经期，也很伤肝脏哦。

在饮食上要注意清淡，少吃刺激性食物，多吃蔬菜和水果，保持大便通畅，以免盆腔充血。月经期间疲劳感和嗜睡感是很正常的，所以浓茶和咖啡也要拒绝。

有一种说法是月经期间可以吃甜食，小甜品在那几天可以享用，据说甜食可以帮助污血代谢。

在月经期间尤其要注意个人的卫生。但是不要盆浴，要用淋浴清洗私处，而且要按从前往后的顺序清洗，以免肛门的细菌污染阴道口。

还有一种说法是月经期间不要洗头，不过这一点，姐姐觉得貌似很难做到，几天不洗头发应该是受不了吧，但既然是一种传统的说法那我们还是要多多注意吧，就尽量不要晚上洗头，洗完头后要及时吹干。

月经期间因为激素分泌的问题，毛孔张开，很容易长痘痘，这个期间脸部清洁工作也显得很重要呢。

在经期用品的选择上，姐姐建议大家选择纯棉质的卫生巾，选择大品牌和大厂家的产品，不要贪便宜，因为卫生巾的菌群如果超标会直接影响我们的健康。

不要以为月经期间就不能做任何体育活动，月经期间只是不能做剧烈的体育运动，但适当的体育锻炼不仅对身体有益，还能给我们带来一份好心情，转移我们对月经的注意力，从而减轻经期的不适感。

姐姐特殊强调的是，千万不能在月经期间乱用药物，如果真的感觉肚子疼得厉害，那就要去医院请教医生，不能随便服用止痛药。

喜欢喝红糖水的元博姐姐

# 你已经具有了孕育生命的能力，但不是此刻

## ——性行为过程中请注意自我保护

写给我亲爱的妹妹：

你遇到了让你心动的男孩儿，你那样爱他，甚至超过了爱自己，从他牵起你手的那一刻起，你就和自己说，你们要这样走下去，要这样相亲相爱，不离不弃地走下去。他第一次亲吻你的脸颊，第一次俯身轻轻吻你的额头……你以为自己是这个世界上最最幸福的女孩儿，有一个如此珍爱你的男孩儿用他的唇轻吻着你，你感到他浓浓的爱意……

后来，你们的每一次拥抱和亲吻都让你慢慢上瘾，你依赖他的肩膀，依赖他的胸膛，依赖他温暖和让你感到安全的怀抱……每一次相拥，你都和自己说，就这样拥抱下去吧，就这样相依在一起吧！

再后来，你们那份浓浓的爱意让彼此燃烧，你和他说，18周岁，等到你满18周岁的时候，你就让他完全拥有你，你也要完全地拥有他……

我亲爱的妹妹，是的，当我们爱一个人的时候，我们会全身心地去爱他，我们会把全部的爱给我们最爱的他，我们会想和他相依相偎直到终老……

可是，我亲爱的妹妹，你才只有18岁，或许你还没有满18岁，我

并不怀疑你的爱情和你的爱意，可是18岁的你，对你的未来有几许的把握，对你的未来有多少可以预见，多年以后的你们都将会在哪里？

姐姐真心希望，你能不这样心急，你能等一等再等一等，等到合适的时间、合适的地点，等到遇见那个能与你相守一生的人。

如果所有的道理你都懂得，所有的责任你都能承担，如果你以为自己做好了准备，你和你的他要突破最后一道防线，那么，姐姐想对你说，请你保护好自己！

青春期的你，从月经初潮起就具有了孕育生命的能力，可是，此刻，你却不能孕育！

如果你一定要选择突破最后一道防线，或者你们到了情不自禁的一步，那么姐姐给你的忠告是，请你使用安全套！这是女孩子应该给自己的保护！

安全套在药店和超市就可以买到，希望你们能在正规的药店和大型超市以及有信誉保证的便利店购买。

如果你当时没有使用，事后又害怕怀孕，那么只要在性行为发生的72小时之内，都可以服用紧急避孕药——毓婷。但是，这种紧急避孕药的激素水平很高，频繁服用会对身体造成伤害，每月最多只能用一次。

安全套的使用和避孕药的服用，请你们能够认真阅读说明书。

同时，安全套还有预防性病和艾滋病的作用。避免在性行为的过程中发生传染和感染。

女孩儿，由于女性的特殊生理结构，我们需要保护好自己，请你要求你的性伴侣采取避孕措施。

任何时候，女孩子，请记住要关爱和珍惜自己！

不倡导婚前性行为的元博姐姐

# 性意识是我们灵魂里的珍宝

## ——性意识和道德操守无关

写给我亲爱的妹妹：

我们恐怕自己也说不好是从哪一天开始愿意关注某一个男生的，也不知道是从哪一天开始对那个他有了懵懂的情愫，我们注意一个人，我们喜欢一个人，我们为他脸红，为他心跳，为他写日记，因对他的思念而失眠……我们居然还会在梦里与他相拥而吻……

当女孩子开始关注异性，也开始在意异性对自己的目光时，是女孩子性意识开始萌动的时候。

性是生物繁衍的基础，性的欲望、性的冲动是动物的本能，人也不例外。人与动物的区别是人有意念、有复杂的情感、有自控能力；人要受社会文明和伦理道德的约束。所以人类的性不仅考虑生物属性，还要考虑心理的承受能力和社会层面的许可范围。

对于人，性要与爱情紧密相连；恋爱到一定程度要结婚，这是性与爱的完美结合。

有些女生会对自己有了性意识而感到羞耻，认为好女孩儿是不应该有那些想法的。其实，性意识哪里和好孩子或坏孩子有一丁点儿的联系呢？它是我们灵魂里的瑰宝，如果没有性意识，没有对爱情的渴望，没有爱与性的完美结合，没有繁衍，哪里会有我们的存在。

处于青春期的男生和女生都会在梦里梦到有关性的内容，这样的梦是与青春期的你们的身心发育紧密关联的。青春期，性激素分泌增多，男孩儿和女孩儿产生了朦胧的性欲望，此时，有关性的梦的发生缓解了性冲动。

有调查显示，七成左右的处于青春期的男孩儿和女孩儿都有过性梦的经历，这是一种正常现象，与道德和品质没有任何关系，同时我们也无法阻止它的发生。我们也不要因为梦里出现和性有关的场景而太过在意，同时要注意有规律的生活，把自己的生活安排得丰富多彩一些，不要因为好奇而去关注带有色情成分的书籍和影视作品。

同时，姐姐要说，当你对性怀有好奇的时候，请你阅读相关的书籍，读专门写给青春期的有关生理和心理的专业书籍，浏览正规的网站获取相关的知识，不要拒绝这些知识的涉猎，当你懂得了相关的知识和常识以后，你也就会以平常的心态来对待了。

在这里，姐姐还要提到一个名词——“自慰”，青春期的男生女生由于生殖器官和性腺的发育，性激素分泌增加，人的性冲动就会增多，在青春期的中后期以及青年阶段会达到高峰。这个时候的青春男女生如果自控能力差，为了满足性欲望，很容易发生性自慰。性冲动是一种本能，而性自慰是一种性行为的表现形式。

有调查显示，92%的男性和58%的女性都有过或曾经有过自慰行为。同时研究也表明偶尔的、有节制的性自慰对人的身体并没有什么危害，性自慰不会影响人的性功能和生育功能。值得注意的是性自慰并不反映人的道德水平，更不能说明它属于行为不端，它只是人的一种本能需求，同时它发生的时候又是私密和隐蔽的，并没有对他人造成影响。

如果你是个有过性自慰经历的孩子，请不要认为这是肮脏或者羞耻的事，不要为这件事自责或者耿耿于怀。但是姐姐希望你能多多转移自己的注意力，扩大你的生活圈子，不要总是把目光局限在狭小的范围内，要多多培养自己的兴趣爱好，多参加体育锻炼和户外运动，多读书，但是要读好书，读能够给养心灵的书籍。

性意识是在任何一个灵魂中都会存在的，它在爱的呵护下是那样的美好、纯洁和神圣，也因着它，你要在茫茫人海中寻找自己人生的挚爱伴侣！

也曾经对“性”很白痴的元博姐姐

# “大姨妈”来了，你不再是小妮子了

写给我亲爱的妹妹：

那天，你悄悄地打电话给我，你说，姐姐，我流血了，我好害怕……我一下就想到，你一定是月经来潮了，我知道13岁的你，一直以为自己是个无忧无虑的小孩子，一直以为自己总也不会长大。可是，现在你要面对一个事实，是的，恭喜你，你长成大姑娘了！

你焦急地问姐姐，都说女孩子来月经以后身体就不会再长高了，这是真的吗？呵呵，这个说法姐姐也听说过，但是姐姐查阅了一些资料，科学的说法是女孩子月经初潮后的身高仍然有1~3年的缓慢增长。女孩子从月经初潮到发育基本结束，这期间，多者能长高8~10厘米，少者能长高1~2厘米。而身高增长的关键在于身体骨骼的发育程度。

当“大姨妈”来的时候，我们的确在心里有许多恐慌，因为我们知道这是我们长大的标志，这是我们有能力孕育生命的标志……可是我们还是个孩子，我们还把自己当成孩子，我们还是爸爸妈妈捧在手心的小孩子，我们怎么就这样长大了呢？可是，我们就这样长大了，没有任何前兆，也没有任何的预演！

这个时候的我们要把心里的小纠结说给我们的妈妈，请妈妈给我们讲一讲女孩子成长和发育的历程，听妈妈说说她对成长的体会。让妈妈给我们讲一讲女孩子在月经期间的小禁忌，听妈妈说说，月经期间要如何照顾自己，也请妈妈告诉我们一旦我们遇到了性骚扰和性侵害的时候，要如何保护自己……

其实这个时候的你依然是一个小孩子，依然要无忧无虑地生活，快快乐乐地成长！可是同时你也要接受自己的身体正走向成熟的事实，要接受自己身体的生长，要知道这是大自然的规律，也是上帝对我们的恩宠，我们要为自己逐渐显现出的女孩子的特征而感到喜悦！

身体的发育必然要带来一系列心理的变化，你要慢慢地体会，要知道当你有某些意识和想法时是成长带给你的必然，你的同龄人都会有，曾经处在你一样年龄和成长阶段的女孩子都一样会有。

渐渐长大的你会开始关注自己身体上的变化，你会发现自己的乳房变大了，私处的毛毛也不知不觉地长了出来，腋毛也出现了，你发现自己的身体变得丰满了起来，而你并没有比从前嘴馋啊……

你开始喜欢照镜子了，越来越愿意在镜子前面停留，喜欢看镜子里的自己，看自己的头发有没有梳好，看自己的衣服是不是搭配……

你会开始在意别人的眼神，在意别人的评价，会特别在意男孩子眼中的自己……你会喜欢上一个人，也会渴望被那个人喜欢……

而这所有的一切都会是自然地发生，自然地滋生在你的心底，你就这样慢慢长大，伴随着许多美好，也会有许多困难和挑战！可是长大的你，同样也会有勇气面对生活中的困难和挑战，加油吧！

愿意给你勇气的元博姐姐

# 来，一起发现女孩子的特征

写给我亲爱的妹妹：

因为我们是女孩子，所以我们才要更关注自己的身体。不要只是把目光放在自己和其他姑娘的胸部，以为女孩子最美丽、最具魅力的地方就是那里，也不要以大小来论美丽，我们的身体上任何地方都需要我们的关注和呵护。

女孩的第二性征有这样几个显著的特征，它们是乳房隆起；臀部突出；皮肤变得细腻光滑柔软，体态丰满，显示了女性的婀娜多姿。

进入青春期的女孩子，会觉得自己看起来比以前胖了，而且体重也的的确确比以前增加了。这是因为女孩子必须要达到一定的体重，月经才能来潮。这个时候，你会发现自己的臀部、大腿、胳膊的脂肪都在增加，先别对自己的脂肪纠结，因为这个时候你的身高也在迅速地增长呢。

其实除了身体上的特征，女孩子在心理上同样有着自己的明显特征。

随着身体的发育，你会发现自己在心理上的一系列变化。这个时候的你开始对自己的身体、容貌、自己在他人眼里是什么样子表现出极大的关注，你的爱美之心正在因着你身体的变化而日益增强。这个时候的女孩子，当然也包括男孩子会因为自己美丽的外表而感到骄傲，会对自己在方方面面存在的缺陷和弱点十分敏感，自卑、羞怯、敏感、哀愁的情绪容易占据在心头。

这个时候的姑娘们由于身体的发育和由此带来的性意识的萌发，开始产生成人感。此时的你们需要他人，尤其是长辈对你的尊重，你们会为自己争取同大人一样的权利。

女孩们会特别在意别人的目光，人家的一个眼神、一句玩笑就会让你忐忑好久。当你从几个女孩子身边经过，她们的话题戛然而止，或者是有笑声传出的时候，你就会在心里打小鼓……

一系列的猜想会一下子浮现在脑海里，她们对我有意见？我的马尾梳偏了？我的衣服穿得不合体？还是她们发现了我的凉鞋是两年前的款式？……

姑娘们尤其会注意男孩子对自己的评价，会希望心仪的男孩子注意自己，会为他们一个关注的眼神而小鹿乱撞……

姑娘们会喜欢花心思的手工制作，十字绣、纸鹤、星星……这些小手工甚至会在上课的时候也忍不住拿出来摆弄。

姑娘们会喜欢八卦，八卦某人，八卦某女、某老师，更会八卦某男，不要以为那些平时很少说话的姑娘就不具有八卦的特质，她们只是八卦的不像你那么张扬罢了。

娱乐新闻会成为大家课余谈论的高频话题，更会有女孩追星追到疯狂的地步。姑娘们说，爱TA是因为TA的身上承载着自己一样的梦，爱TA是因为TA是遇见的另一个自己。

青春期的你，细细体会自己的内心，你会发现自己的确多了许许多多孩提时不曾发现的特质，而这些特质，不光在你的身上，在你同龄的她、她们身上一样存在着，别以为自己是个让人琢磨不透的小异类，其实姑娘们的心思都一样的敏感和难猜！

有时间就看娱乐新闻的元博姐姐

# 亲爱的，我们的烦恼都一样

写给我亲爱的妹妹：

你说你最近显得有点儿孤单有些无助；你心里有很多困惑，很多问题却找不到答案；小时候你可以和男孩子玩儿一样的游戏，可以和他们一样毫无顾忌，可是现在的你却再也回不到过去……

姐姐想和你说，找一个同龄密友吧，因为你需要和另一个自己互相鼓励着，互相搀扶着，互相分享着，一路同行，一起长大！

而这个人的选择，你要遵从自己的内心感觉，你要找到可以信赖，也可以依赖的伙伴，你要找到你们的相似和相通之处，你理解她，她同样也理解你。

姐姐的这个建议并不是在圈定你对朋友的选择上，我们的朋友可以五花八门，你交到的朋友要看你对朋友的定义，而无论你对自己的朋友有着怎样的定义和选择，这个同龄密友都该是不同于其他朋友的。她是我们在这个特殊成长阶段需要的“伴侣”！

你一定有过这样的体会，那个曾经在你眼中无所不能的妈妈，已经不再是完美的“她”。过去的自己一切都在模仿她，穿她的衣服，试她的鞋子，偷偷把她的口红拿来画自己的唇……可是，你不记得是哪一天开始，她不再是完美的她，她在你眼中变得无比讨厌！

你不再是每天回家把学校的故事说给她听，你甚至会不愿意和她多说一句话，当她苦苦地追问，甚至哀求你的时候，你发现她是那么的婆婆妈妈！而她总是为你不再是她的跟屁虫而伤感。

你喜欢把自己锁在房间里，甚至在门外贴上“请勿打扰”的纸条。

你把自己所有的秘密写下来，却不想让妈妈知道。

孩提时候的你，有许许多多可以一起玩耍的朋友，你的伙伴三五成群，你们喜欢大家在一起的热闹和游戏的酣畅。可是，现在的你回忆起来，你会发现自己现在的生活圈子缩小了许多。越是人多的时候，你越是感到孤独，越是热闹的气氛，你越是感觉孤单，你不再喜欢人多的喧嚣，你更愿意和你亲密的伙伴促膝而坐，一起分享你们心底的事，和你们心底的人……

你满怀喜悦地寻找到你的知心朋友，与她分享一切。是的，你应该找到另一个自己，你要找一面镜子，参照她的一切，你们互相对比，来比较自己，寻找自己，塑造自己。

你们一同分享身体的秘密，你们互相关注身体的变化，你们一同分享心底的秘密，分担喜悦或是哀愁，你们用两个人的智慧分析你们遇到的问题，解释你们遇到的问题，解决你们遇到的问题……

有她在你的身边，你会知道原来成长的路上，她和你一样需要关怀，需要宽容，需要认同，更需要理解，你们怀着真诚和珍爱的心，手拉着手，一起走，走过花季雨季，走过青春的岁月！

愿意陪伴你成长的元博姐姐

# 胸前真的无小事

写给我亲爱的妹妹：

班级里的女孩子很多都带上了文胸，透过校服白色的衬衫甚至可以看到上面的花纹。可是，你依然还在穿妈妈买给你的贴身小背心。

班级里穿了文胸的女孩子们一个个走路的时候总是故意挺起自己的小胸脯……

你悄悄和姐姐说，那几个发育得好的女孩子甚至还会凑在一起比谁的咪咪更丰满、更有型、更坚挺呢！可是瘦小的你，却依然还是一个小孩子，你的小咪咪才只有一点点的隆起，穿肥大的校服，刚剪了短发，你说自己根本就和男孩子没有啥两样了。

其实，青春期以前，男孩与女孩的乳房在外观上没有区别。当女孩子开始发育的时候，也就是在卵巢激素、垂体激素和胰岛素的共同作用下，乳房开始发育。其实，乳房的发育是存在个体差异的。但是如果到了十七八岁，乳房的发育仍然迟缓，或者迟迟没有发育，那就需要到医院去咨询一下专业的医生了，做一些相应的检查。

我们都会有这样的体会，当乳房刚开始发育的时候，我们的咪咪里会有一个小硬块，碰到会有胀痛感，这个硬块其实是乳核，将来做妈妈的时候就知道它的用处了。

这个时候的女孩子，要注意在玩耍的过程中对自己小咪咪的保护，不要被撞到，要注意别被异性在玩耍的过程中袭胸。在读书写字的时候要注意自己的胸部与书桌保持一定的距离，不要让胸紧贴着桌沿，这样会压迫乳房的发育。

对于完美乳房的形状，大多数人认为是水滴状的，高耸挺拔，乳头突出，略向外偏，两乳头间距为18～24厘米，乳晕成棕褐色。但这些都不是绝对的，其实从外形上看，女性们的乳房大小不一，形态也各异。乳房的大小与遗传、营养状况、体育锻炼等很多因素有关。但是无论我们的乳房形态上是大还是小，我们都应该遵从它的自然状态，女孩子的美不是单一在大胸上体现的。

当我们的咪咪发育到一定程度的时候，我们要适时地戴文胸。因为乳房没有肌肉组织，只有腺组织和脂肪，支撑它们的是结缔组织。这种结缔组织像一张绷紧的纤维网，起着支撑的作用。但是它和肌肉组织不一样，没有弹性。因此，女孩子乳房发育逐渐成熟的时候，如果不用文胸束缚乳房，会使乳腺负担不均匀，妨碍乳腺内正常的血液流通。剧烈运动的时候如果不带文胸，容易使乳房造成创伤。

那么什么时候开始戴文胸呢？一般情况下，女孩长到16~18岁胸部和乳房发育接近成熟或者用软尺从乳房上底部经过乳头到乳房下底部测量，上下距离大于16cm时就应该戴文胸。但是如果乳房没有发育到这个程度也不该过早地戴，否则会影响乳房的发育。

你需要请妈妈帮助你关注自己的咪咪是否发育到了需要戴文胸的程度，让她带你到商场的专柜请售货员根据标准帮你测量和选择文胸的尺码，现在有些文胸还专门设计了少女系列呢！

我们要根据自己的体形、胖瘦、季节和乳房发育情况选择文胸，并以选择柔软、透气好、吸湿性强的棉质文胸为宜。选择舒服合身的文胸不仅美观，同时也有助于我们的身体发育。

同时我们在洗澡的时候要轻洗自己的咪咪，不要过分地对乳头进行清洁。在学习了一段时间之后要做做扩胸运动和伸展运动，促进乳房部位的血液循环，让我们的咪咪更健康也更美丽。

悉心呵护我们最宝贵的女性特征吧，宝贝我们的胸部，关爱我们自己！

正打算学习游泳的元博姐姐

# 嘘，正在发育

## ——细心观察自己身体的变化

写给我亲爱的妹妹：

你是不是注意到自己身体的变化了。而这一切又好像是一夜之间突然发生的，当某一天你站在镜子前的时候，你发现自己的乳房悄悄凸起了，还有腋下居然有毛毛长了出来……

你发现叔叔阿姨会带着惊喜的口吻和妈妈说，哇，这孩子长成大姑娘了，都开始发育了！

是的，你正在发育，你正在从小女孩儿通往长成大姑娘的路上……卵巢分泌的雌激素和孕激素，促使女性第二性征的出现。之所以叫它第二性征是因为第二性征是指除了生殖器以外的男女各自所特有的身体“明显”性征，也叫“生理特征”。刚刚出生的婴儿，从生殖器的外形就能识别是男还是女，这是两性之间不相同的特征，叫第一性征。

女孩儿的第二性征发育的先后顺序是这样的，8～9岁，骨盆开始变宽，皮脂腺分泌增加；10岁，皮下脂肪变厚，臀部变圆，乳房开始发育；11～12岁，乳房继续发育、稍微鼓起，出现阴毛，声音变高变细；13岁，乳房显著增大，长出腋毛，出现月经；14～15岁，乳房基本发育成熟，胸部丰满，手臂、臀部变圆，腰部相对较细，骨盆明显变宽，月经基本形成周期，脸上可能长青春痘；13～18岁，月经周期形成规律，乳房发育成熟，阴毛蔓延至大腿上部、下腹部，形成倒三角形。

进入青春期的女孩儿，乳房开始发育，腋毛、阴毛开始长出，生殖器官也开始发育，更多的脂肪积累在乳房、臀部和四肢，像含苞欲放的花蕾般娇嫩地显现出女孩儿的神采。十七八岁以后，女孩儿进入成熟期，身体发育更加匀称，体态丰满，宽臀细腰，已经是亭亭玉立的大姑娘了。

女孩子在青春发育迅速到来的时候，卵巢分泌大量的雌激素，雌激素通过全身的血液循环被输送到乳房，直接影响着乳房的发育。女孩的乳房发育大约始于月经初潮前的3～4年，这个期间乳头周围颜色较深的乳晕肿大，乳头以及乳晕下的乳腺管及脂肪组织增大，使乳房向外突出，乳房会比以前更圆、更突出，乳晕的范围更宽广。在这个时候，乳头周围出现一个肿胀的硬结，如果不小心碰了一下，乳头部位就会疼痛，这个时期称为乳房发育的乳晕期。这个变化是乳房发育的必经之路，等到乳房发育成熟，就不会再疼了。

十二三岁的女孩子乳晕周围的肌肉开始发达起来，胸部隆起已依稀可见，乳房逐渐形成半球状。到十五六岁时，有些女孩子的乳房已经完全发育成熟，乳腺十分发达，这是为以后做母亲分泌乳汁所做的准备，乳头顶端出现了小孔，用于以后排出乳汁。

女孩子婀娜的身姿，不单单要有胸部的发育，还有臀部的逐渐突出，皮肤变得光滑细腻，体态丰盈。这个时候的女孩子，脂肪开始分布到臀、胸、肩等部位，骨盆开始变宽，逐渐向着成年女子的体态发育。

上了大学还在长个子的元博姐姐

# 咱是个青春期女生

写给我亲爱的妹妹：

正值青春期的你忽然就有了很多烦恼是不是？你总是思考一些莫名其妙的问题，你甚至问自己：人为什么活着，活着又是为了什么？接着你又为自己有这样的想法感到可笑和莫名其妙。

你发现自己变得敏感起来，情绪也不够稳定，甚至动不动就感觉气不顺想发脾气。青春期的女孩子，在身体急速生长和发育的情况下心理会随之发生诸多不稳定因素，你的任何小情绪和小哀怨都是可以被理解和原谅的。

正值青春期的你把更多的心思放在了爱漂亮上是不是？你关注流行趋势，希望自己的打扮能更入时，即使学校每天都规定必须穿校服，即使要每周穿6天校服，你也依然要在难得的周日穿上自己最喜欢的服装出门。

你喜欢搜集小玩意，你会买涂鸦鞋子选自己最喜欢的图案，你会在淘宝上淘宝贝……

你玩儿自拍，即使不把相机带在身上，也会用手机随时拍下你的生活，你喜欢把相机举高，拍你的大眼睛和你的小嘴巴，然后自学使用图片处理软件，把照片修饰得更加非主流。你甚至玩单反，拍空旷的田野和灰色的天空……

你喜欢弄些小文艺，喜欢在日志里写下你凌乱的思绪，你喜欢在网络上转载能表达你心情的文字和一切你认为有趣的东东……

你会一边在键盘上敲打文字，一边流着眼泪，眼泪流完了，又按下

Delete键清空了文档！

你会认为生活中没有人真正懂你，你不相信身边的人，不愿意和他们有太多的交集，可是你却会对论坛里的朋友完全敞开心扉，彼此因为有共同的爱好容易沟通而成为知己。

正值青春期的你把和老妈老爸的关系搞得很糟是不是？尤其是你和老妈的关系，更年期的她和青春期的你相遇，却彼此互不相让！你希望她理解你，可是你却不想理解她！

正值青春期的你有着许许多多的梦想是不是？你对未来有无限的憧憬，又对现实有着无尽的恐慌，你想拥有灿烂的未来，却又不知道如何在现实中找到真实的自我……

咱是个青春期的女生，无论被赋予怎样的定义，你都依然还是那个你，那个需要被理解、被宠爱、被关注，也需要被鞭策的你！

青春期的你，学业、友情和懵懂的爱情是你生活的三大主题！你需要朋友，也渴望被朋友需要；你渴望爱情，却在爱中惶恐和迷茫；你害怕丢失自己，却总是迷失自己的方向；你对知识的需求如饥似渴，却又总是把学习当成负担一样畏惧……

你就这样矛盾着，不安着，又彷徨着，也这样坚定着，走过青春一个又一个路口，看着这一路的风景，憧憬着远方未知的颜色，一路跌跌撞撞地走来，等到你走过青春，回首来时路的时候，你一定会轻轻地微笑，原来一切是这般的美好！

愿意与你同行的元博姐姐

# 附：那些留在我们心底的梦境

●元博姐姐写在前面的话

梦是奇妙的东西，我们会把很多心理问题投射到梦里，梦境也往往和我们某一阶段的情绪和心境有关。

青春期的我们常常会有一些无法忘怀却又解释不清的梦境，也许有关那些梦的解释正是对我们这段特殊时期心理的一些诠释。

然而关于梦境的解释，我实在是没有任何发言权。好在我认识一位学过专业梦境分析的姐姐，她的名字叫闫煜蕾。北京师范大学心理咨询专业研究生毕业，现在是一名职业的心理咨询师，也是国内小有名气的解梦高手。所以我请她帮忙从众多女孩关于梦的来信中，挑出几个具有典型性的梦境解释一下。

## 遵从你心底的选择

布谷鸟描述的梦：

我是一名高三的学生。昨天刚刚开完模拟考试过后的家长会，我的成绩并不理想，我也是从这次模拟考后才知道要开始努力的。然后，有一天我做了这样一个梦：

我坐在教室里，不记得是坐在窗边还是靠窗的位置了，只感觉那教室好高，天空中乌云密布，同学们都坐在教室里认真复习。这好像是有轰隆的一声响，我望向窗边，乌云开始加速流动，天边露出纯净的天蓝色和白云，大片的乌云快速流走后只剩一丝飘在空中。

然后教室突然变成公车，同学们都聚在窗边看。只见公车走在高高的桥上，云好像一伸手就触得到，一朵一朵的云有点儿透明又有点儿像棉花糖，但那一丝乌云还在。车子停在桥上时，我下车坐到一个对我一直很好的男生的自行车后座上。下坡时我回头，发现轨道架在空中，一列火车在上面开过去了。

接下来场景又换到一个小区中。那个小区有好多树啊，郁郁葱葱的，把一些房子遮住了。他载着我骑车走在路中间，我抬头看见太阳透过云层形成一大片金色的云彩，可是在金色的云彩旁边却还有一小片乌云。我在那个小区的一个花园边看见了一只金发碧眼的猫，它并不怕我，而是温柔地朝我叫，我也喵喵地回应它，我觉得它很喜欢我。

最后，那个喜欢我的男生把猫抱了起来。

闫姐姐给的解释：

高中三年里，哪一年最不好过？毋庸置疑，大多数的过来人或者高三人都会说——“高三”。为什么呢？因为高三基本都在复习而不再学习新鲜的知识了，而复习也基本都是每天的题海战术，只盼着做得多了能让自己的分数高一些。然而把这样的积累拆分为每一天，却是每一天都让人感觉单调、乏味和漫长，完全过得不知其意。我记得当我还是个高三学生的时候，我用我想在高考实现的分数减去我模考得到的分数然后除以当时距离高考的天数，我告诉自己，每做一天的题，就意味着我可以在高考多得几分——似乎只有这样才能让自己有兴趣继续和那些非常面熟的“卷子朋友”们套套近乎。然而每次模考之后算算自己比上次模考应该多的分数，不禁万分郁闷，要是这每天多几分的承诺不能实现的话，真不知这高三的日子还无聊得怎么过下去……

所以当我看到你梦里教室外的天空布满乌云时，我不禁会意失笑，布满乌云的天空——这是对多少高三孩子心情的真实写照啊，每天都压抑着对新鲜事物的好奇心，一遍又一遍地看着看烂了的书、做着做烦了的题，这样的心情，不就像是天空中的乌云一样让人感到压抑和沉重吗?

所有的这些压抑和沉重，不过都是为了高考那一声雷，就像是所有考前的积累都为了高考这一场大雨，等到雨过了，大多数人的心都会晴起来。所以，你在梦里都盼着高考这一声雷能快点来，之后你便可以真的轻松快乐地生活了。然而梦里却还残留了一丝乌云在天空中，这似乎象征着你的一丝担忧，你担忧些什么呢?你告诉我说，这次的模考不怎么理想，所以我猜，是担忧高考也会不理想吗?

教室变成公车，象征着高中对你而言的意义——通往未来一个更好的目标的交通工具，这很好理解，现在我们所有的基础教育都被认为是考取好大学、赢取美好人生的必胜法宝，所以所有的辛苦也被认为只有在高考分数揭晓时才能够得到回报。此时的云变成棉花糖样子，充满小女生情怀——这是自然，甜蜜的年龄一定会带来甜蜜的臆想，而对于大多数的女孩子来说，高中时小心翼翼的眉目传情无疑是最美好的回忆，所以，尽管带着对高考和未来的一丝担心，你也同样享受着恋爱带给你的无限憧憬。可是，你也担心恋爱似乎会影响你的学业，就像是梦里的那幅图画那样——你下车来跟着你喜欢的男孩走了，火车却在桥上高高地开过去了。

你最后在梦中的小区里看到的那只猫，其实也就是你自我的象征，你希望自己就像那只金发碧眼的猫一样惹人怜爱，尤其希望喜欢你的那个男孩子能像喜欢那只猫一样疼爱你。也许你仍无法摆脱暗生的情愫是否该存在于高三的念头，担心它就会像是一片乌云一样给你期望的未来带来阻碍，但是，作为一个过来人，我深知无论我们想不想要高中时代的爱情，当它来时，我们却逃不掉。接纳自己内心的情感，明白自己行为的底线，这也许才是我们面对高中时代的学业和感情这个两难选择的最好答案。

# 不若休整待扬帆

人在高三描述的梦：

我上高三了，最近已经连续一个星期梦过关于学校的事情。有一天梦见我所在的高三18班是一条很大的船，船的外面被其他教学楼围着，所有高三学生都在船上。开始我们并没有书桌，后来不知道怎么突然有了蓝色的书桌，因此班上的人开始欢呼。而我则一直待在甲板上，心情有些郁闷，很希望能有一些风浪吹过来。

我也许是觉得有大风会很爽吧。最近我的学习情况不太好，考试连续砸了很多次，心情总是有点儿压抑。另外，我个人的性格比较好自由，不知道这个梦是否跟最近的考试考砸有关。

闫姐姐给的解释：

船总是行走在海上，去往某个目的地，所以在梦里的船，往往会象征着梦者当时事业或生活的一个状态，在你的梦里，船就是你上课的那一间教室或教学楼，所以毋庸置疑，这里的船，就象征着你目前的学习状态。

你在梦里希望能有些风浪过来，是因为觉得大风会让你很爽，这似乎也在说明，在梦中待在甲板上，你感觉有些沉闷、乏味和无聊，尽管船在教学楼中行走，犹如你每日都埋首于书山书海当中，但是你却对目的地在哪里有些茫然不知所措。

在梦里期望能有大风吹来，正是你在生活中希望有一些新鲜的、刺激的生活能让你振奋的写照。确实如你所说，你向往自由，讨厌单调、重复的生活，而高三的复习状态却偏偏是单调、乏味的，也难怪会让你感到压抑。

考试考砸了，也许与你的心情有关，感到压抑时，我们就很难把干劲儿涨起来，如果心里厌烦这些冗繁的学习任务，那自然无法全心投入，所以考试也就无法得到理想的成绩。不妨先让自己放松一下吧，说不定吹一阵凉风之后，你的大船就又可以整装待发、扬帆远航了。

## 爱情不是那个套路

梦里落花的梦境：

我喜欢一个男生，以前我们是很好的朋友，我们从初中时就认识，后来我和他说了我喜欢他，之后他就再没理我。现在高三，我们又开始说话了，偶尔也会通过手机短信聊聊天。

高一的时候我做了一个梦，情境好像是在学校。我站在花坛的旁边，听见他对我说，你喜欢我关我什么事，然后我就哭了。

进入高三后第一次梦到他的情境还是在学校，我们面对面站着，他对我说了很多话。他一直低着头，对我说，当初不该那样对我，应该对我好。他平时就话不多，不怎么和女生讲话，说话时也总是低着头。在梦里，听着他对我说那些话，我说不清心里有什么感受。

第二次在梦中见到他，还是在学校。那天下雨了，我们有一场大型考试，他的考场和我的在同一层楼。那时，我快迟到了，上楼梯的时候我发现他就在我后面走。我走得很快，不小心摔倒在了楼梯上，把白衣服上沾满了楼梯上的黑色泥渍，而他也穿件白色衣服。我心里很希望他可以走过来扶我，但是他却从我身边走过去，连看都没看我。我心里很难受，忍着眼泪走到考场，却看见他就站在我考场门口。当我走近后他问我："你摔倒了啊?"我说："是啊。"然后他说他也摔倒了，是在学校外面。他转过身来让我看他身上的泥渍，和我身上一样都是黑色的。我很冷淡地答应了一声就转身回考场了。考完试回家后我接到他的电话，他说了很多，但说些什么我却记不得了，只记得最后一句他说很想我。

昨晚我第三次梦到他。他骑跨在单车上在我家门口等我，我和他都是穿的绿色的裤子和短袖，他背着一个蓝色的斜挎包，而我背一个白色的斜挎包。他给我打电话，说："我到你家门口了，下来吧。"可我不知道为什么要躲他，从家门出来绕着走，不想让他发现我。我悄悄地想搭辆计程车走，却发现自己坐不进去……

闫姐姐给的解释：

每个女孩子的心里都有一个白马王子，当十四五岁的成长带来的荷尔蒙来袭的时候，我们的白马王子总是会恰巧地在身边的男孩子中出现，那些朦朦胧胧的爱情味道，从那个男孩子或单纯或深邃的眼神渗透出来，仿佛一下子就与内心中那个一直以来模糊却令人憧憬的白马王子的形象契合上了，于是，每个怀揣梦想的女孩都相信，这就是她们的Mr.Right。

但爱情的套路有时却似乎不会像童话里那样——白马王子砍断重重荆棘，把我们从无聊烦闷的生活中救了出来，从此二人沐浴在爱情的阳光下，永远幸福地生活着。大多数情况下，我们远远地望着，希望他可以懂得自己的心，但是好像等了很久都没有回音，我们恨不得自己有

“心电传输术”，把爱情密码滴滴答答地送到他心里。最后，我们可能会实在憋不住内心喷涌而出的渴望，哪怕舍弃一开始想要保持的矜持，害羞地给他的本子里夹个小纸条……

现实中，有些恋情因此开始，但也有些暗恋因此夭折。开始的自然欢喜，但夭折了的暗恋后，却多了一个暗自伤心的女孩子。我们也许会不理解，为什么白马王子竟然看不上公主，难道是公主不够好吗？或者，自己只是未得到仙女帮助的灰姑娘，还满身尘土尚未让王子看到自己的光芒……种种伤心、难过、忧郁、焦虑、期盼、失望构成了我们绝大多数女孩子的高中罗曼史，我们不光日思夜想，连做梦都想要对白马王子心里想什么揣测一番，这就是为什么我们总是会在梦中见到我们的心上人。

那些心上人出现的梦境，或喜或悲，就如同我们每日对心上人的感觉一样，时而感觉他的亲切失而复得，时而又觉得他若即若离，我们的愿望或者遗憾，白天挂在我们的脸上，晚上却会悄悄潜入梦境中，化作一幕又一幕的情感剧场。

在你的这些梦里，因为感到被他拒绝而梦到他拒绝了你，因为期望他会后悔他的薄情而梦到他求你的原谅，因为期待他可以主动和你修好而梦见他向你表达亲密，并且你也在梦中如同你的愿望那样，用你的冷漠报复了他。可实际上你多么希望你们可以是一对儿啊，你看就连梦里你们穿的衣服都是同样颜色的。在梦里，你演了一出戏，这个戏与现实有点儿相似，却更多地满足了你的愿望，也许你也曾无数次念道：“若我和他的处境颠倒一下，被拒绝的人是他不是我，那又该多好。”女孩受伤的自尊心在这里超越了对爱情的渴望，你那么渴望关系可以重来一次，而这一次，关系中的胜利者是你。

当你长大，你就会明白这种胜利来得多么没有意义，也许你会觉得遭到拒绝是因为自己不够好，可实际上，他拒绝你只是因为你不是他喜欢的那种类型。

# 爱是一种先行的付出

轻若游丝的梦境：

我的梦是一个悲伤的梦，在现实中我也从来没有像在梦里哭得那么厉害过。

在梦里，我和妈妈爱上了同一个男人，我记不得那个男人的样子，不知道是不是和我的爸爸长得一样。梦里，我很爱他，可他却要和我的妈妈结婚了。我难过得一塌糊涂，我能感到那种痛苦撕心裂肺。我找到他，然后开始哭。我哭得很凶，眼泪不停地流。我抓着他，哽咽了很久才说了一句话。我说："难道要我喊你爸爸吗？"他不说话，只是任我打他。最后，我转身走了。

我一直都害怕水，可在梦里却又总是梦到水。在这个梦里我溺水了，那个男人跳进河里救我。他要救我，我却一心求死，挣扎着不让他救，可最后我还是挣脱不过他的怀抱，被他救了上来。他抱着我，看着虚弱的我，一脸悲痛的样子。

怎么说，我觉得这个梦挺像言情小说的，它是在暗示我的恋父情结到了无可救药的地步了吗？

闫姐姐给的解释：

轻若游丝，如果你看过弗洛伊德写的《精神分析引论》的话，你会知道，不是你的恋父情结无可救药，而是基本上每个人都或多或少会有恋父或恋母情结，所不同的，不过是压抑的程度不一样罢了。

可能你还不了解恋父情结究竟是指什么，那就让我为你讲个故事吧。恋父情结这个词在弗洛伊德的著作里叫作“俄狄浦斯情结”（Oedipus Complex），而俄狄浦斯其实是希腊神话中的一位英雄。他出生在一个王室家庭，他的国王父亲坐拥领地，名声显赫。但是在俄狄浦斯出生后，一位先知告诉他的父亲，这个婴儿长大之后会杀掉自己的父亲并取而代之国王的位置。国王非常害怕，于是就命令手下把这个婴儿带到无人之处杀掉，可是那个手下却一时心软，就将俄狄浦斯抛弃在荒野里，回去谎报国王已经完成了任务。俄狄浦斯被穷人收养，他从来都不知道自己的身世，当他长大后，他成了一个英勇善战的英雄，帮助邻国击败并杀死了自己的生父。按照古希腊的传统，战胜的一方可以继承战败的那一方的妻妾和财产，所以俄狄浦斯娶了他的生母。但是在后来他无意中了解到自己杀死的正是生父，娶的是自己的生母后，悲痛不已，却无法挽回。于是，绝望悔恨的俄狄浦斯刺瞎了自己的双眼，离开他所占领的国家，孑然一身地流浪，不知所终。

弗洛伊德通过观察发现，每个幼儿在3~6岁期间都会和自己的同性父母去争夺异性父母的爱，比如小女孩总是想要爸爸抱，跟爸爸更亲而有时会讨厌妈妈，甚至还有些小女孩会童言无忌地说：“长大一定要嫁给爸爸。”这些行为都隐隐约约地表达了对异性父母的爱，这样的复杂情感与俄狄浦斯的故事有一些相似，因此被弗洛伊德引用来比喻这阶段的心理发展规律。

但是当我们从一个幼儿渐渐长大时，我们会发现我们终究无法取代母亲的位置，父亲对我们的爱与对母亲的爱并不相同，这个时候大多数人都会渐渐把“要嫁给父亲”这样的愿望开始埋藏至心底，直到忘记。不过对于很多人而言，恋父情结似乎还会在青春期再次浮起，对父亲的爱慕会转移到对异性的爱慕上，并将对父亲的种种渴望转移到这个替代品上，比如很多女孩子都想要找个像父亲一样聪明的男人，或像父亲一样坚强的、或像父亲一样有成就的男人，种种渴望，都是期望能从另外一个与父亲相似的异性身上获得对父亲的爱慕的满足，这是我们人类的情感中再正常不过的一个表现，所以你不需要为自己有恋父情结而多虑。

在你的梦里，你在和妈妈争夺一个男人，而这个男人你不希望他是你父亲，这确实是一个非常典型的“俄狄浦斯情结”的梦境，这也能反映你的恋父情结会影响到你对亲密关系的态度，你会倾向于喜欢很成熟的比你大很多的男人，因为他们就像是你的父亲一样可以让你有被保护的安全感。

同时，你的梦也显示出一些表演型人格的特点，你期望自己能够成为别人关注的焦点，然而现实却并非总是如此，所以有些时候你会对自己和别人都非常失望。于己，你觉得自己好像没有什么价值，竟然沦落到无人关爱的地步，于别人，你觉得他们竟然无视你的痛苦和感受，真是太令你心寒。所以你总是在幻想和抑郁的两极之间徘徊，既渴望被人关爱，又担心自己会希望落空。

水，在梦里总是会象征着情感。而你说你生活中也会畏水，这其实是身体对害怕卷入情感关系的象征性表达。但另一方面，你在梦里老梦见水，这既表达了你渴望被人关爱，却也传递了你对投入情感关系的担心。有时你觉得唯有用自伤或自残的办法才能验证别人是否真的在乎你，当然，很多情况下都会奏效的，因为别人确实会担心你伤害自己，可是难道你自己就不爱自己吗？难道你真的忍心把自己的身体当作工具来换取别人对你的关心吗？

欲人爱，先爱己。我们每个人都渴望自己能被别人所关爱，可是却忘记了只有我们自己关心、爱护、接纳我们自己时，我们才会有真的自尊，才会让别人觉得爱我们是很幸福的一件事。否则，爱就只是我们控制别人的一个兵器，不仅伤了别人，更伤了我们自己。

# 女孩应该泼辣一点儿

水色lala的梦境：

昨晚我做了个梦，我梦见我的牙齿不停地掉落，自己还拔下了几颗，可是有血……这个梦实在太真实了，我很害怕，真的很害怕。

闫姐姐给的解释：

掉牙在梦里有很多种象征，所以需要做梦者详述梦境中的情景和对梦的联想才解得准确，不过你描述这个梦却只有寥寥数笔。我也只好调动自己所有的感觉器官，再加上自己的经验和想象，试图给你一个大概的解释。

幸好你还留了一个化名，从你的化名里我联想了很多。也许你会觉得从化名里就判断你的性格有些臆断，不过化名（包括网名、笔名、游戏名之类）却往往是一个人对自己内心状态的自比，因为我们出生后姓名就被父母选定了，对此我们再无办法，但我们可以通过化名更真实地表达自己。所以从一个人的化名里，我们总可以看出些她的内心来。

你管自己叫水色lala。水，通常会是情感的象征，那水色是什么意思呢？水是没有颜色的，就像是透明的一样，而从这个化名里，你似乎想要传达一种情感，那就是你总是轻柔的，渴望被爱，但总是被人所忽视。

牙齿在人虚弱的时候就会掉落，就像是大树没有了水就会枯萎，就可能被连根拔起。而血是牙齿坚固的基础，水是生命维持的基础，你的牙在梦里一颗一颗地掉，或许是象征着你觉得自己的情感无所依靠，所以牙就像是腐木一样也可以被连根拔起了吧。

你的柔软，让你为别人所接受的同时，也会令你失去攻击性，变成一个彻底顺从、没有脾气的女孩子。这或许看上去是个好事儿，因为被别人认可似乎就是我们这个社会所认同的人际关系中的头等大事儿了，但是看得再深一点儿，却不然。每个人归根到底是有自己的一些脾气的，如果总是柔顺，那只能是压抑了自己的感受，去顺应了别人的要求，很多人表面看起来柔顺，内心却压抑得厉害，又不知道该如何才能让自己心中的那一口闷气吐出去。

牙是可以咬人的，如果别人惹了你，你就可以咬回去，但是你却允许自己的牙一颗颗地掉了，而且你还主动把自己的牙拔光了，你一定是很担心自己不够好，如果不顺从别人就会被别人忽视和不认可，所以你忍气吞声去掉了自己所有的攻击性，却也同时把你作为一个小女孩的活力和激情也去掉了。我真希望你能够热血一些，哪怕热血冲头，偶尔丧失些理智，做些冲动的事儿也好，不妨做个泼辣的女孩去享受你的人生。

## ●元博姐姐的马后炮：

闫姐姐并不了解水色lala，仅是根据lala对于自己梦境的三言两语的描述做了相关解释，如若lala是一个宁可压抑自己的内心情感，也要委曲求全得到别人认可的女孩的话，那么无论闫姐姐还是元博姐姐都希望你能够些微放纵一下自己的小情绪，袒露真实的自我，展现青春期女孩的热情和活力。只要我们足够善良、足够真诚，哪怕我们有一点儿小脾气，日子久了，也一定会得到别人的认可的！

# 摇摇欲坠的楼梯通不到你的家

蛋黄的梦境：

我从小学开始一直到现在上高中，每年都会做同一个梦10次以上，我不知道这个梦是不是有什么含义。

这个梦是这样的：在梦里我爬楼梯，一直不停地爬，但是楼梯却和正常的不一样。正常的楼梯都是正面向上直接可以走上去的，而我梦境里的楼梯却是别人不走的那一面，就是我们脚下的那一面。而且，楼梯永远都是摇摇欲坠的，即使有时候我爬上去了，也会发现家已经不是自己的了。

现实生活中，我家一直都住在6楼，但是我平时从没感觉爬楼梯是件多么令人烦躁的事，这个梦却连续做了有十几年了。

还有一件事就是我常常从梦中吓哭，而且止都止不住，我明知道那是梦，不是真的，但却心很疼，很难受。这种情况每年也会发生两三次。我真的不想再经历这种心痛的感觉，我何时才能不做这样的梦？

闫姐姐给的解释：

如果一个梦可以反复不停地做的话，那可以肯定的是，这个梦所象征的心境，一定是对于你而言非常重要的一个心理情结。所谓心理情结，就是在对心理状况打一个比方，如果一个人的心被比喻成一根绳子的话，那么最好的状态当然就是绳子光滑、连贯且不打结，而情结就好比是一根光滑的绳子上打了结，那么就难免在使用绳子时感到疙疙瘩瘩。如果不把这个绳结解开的话，绳结也不能自动脱落。“情结”就是

“心理”这根绳子上的死结，正因为是死结，才导致有大量的思绪淤积于此，大部分情况下我们感觉不到，却说明我们因为痛苦把这部分情绪压抑得太深，只好通过梦境来得以抒发。

梦中老是爬楼梯并不是因为现实生活中得天天爬楼梯。梦中的楼梯自有它所代表的寓意。一般而言，楼梯是通往高处或某个目的地的途径，所以它也会象征着我们想要达到某个目标所经历的过程。在你的梦里，你爬楼梯爬得很辛苦，楼梯摇摇欲坠不说，你自己也“不走寻常路”，走的是与别人不一样的路。我们在生活中，经常自比自己走得艰难、走得不与他人相同，其实与梦境中的比喻是一样的。只是你从小学开始就做这样的梦，小小的年纪就开始承受来自生活的巨大压力，而且这种经历艰难的感觉至今仍未消去，这不禁会让我担心，你的生活究竟发生了些什么。如果你确实觉得痛苦的话，那么就找个心理咨询师聊聊，让他对你的成长经历有所了解，可能就能帮你解决一些困扰。如果你的困扰解决了，这个噩梦自然就不会再做了。

而至于你提到的经常在梦中被吓哭之事，更验证了你所经历的生活让你感到痛苦，这种钻心痛的感觉不可能仅仅是出现在梦中的，你的生活中也一定有很多类似的感受，所以，梦境是一个提示，它提醒你生活中难以逃避的痛苦需要你去解决。如果你解决了生活中的困苦，噩梦也自然会不送自走。